普通高等教育“十三五”规划教材

INNOVATOR STAR

大学生创新创业仿真实训教程

基于创业之星实训平台

喻科　黄林◎主编
张伟东　吴志强　彭成　伍祥伦　李川◎副主编

中国石化出版社
HTTP://WWW.SINOPEC-PRESS.COM

图书在版编目（CIP）数据

大学生创新创业仿真实训教程：基于创业之星实训平台 / 喻科，黄林主编 .——北京：中国石化出版社，2017.7（2018.7 重印）
ISBN 978-7-5114-4553-7

Ⅰ.①大… Ⅱ.①喻… ②黄… Ⅲ.①大学生-创业-高等学校-教材 Ⅳ.①G647.38

中国版本图书馆 CIP 数据核字（2017）第 159338 号

中国石化出版社出版发行
地址:北京市朝阳区吉市口路 9 号
邮编:100020　电话:(010)59964500
发行部电话:(010)59964526
http://www.sinopec-press.com
E-mail:press@sinopec.com
北京富泰印刷责任有限公司印刷
全国各地新华书店经销
*
710×1000 毫米 16 开本 6.25 印张 62 千字
2018 年 7 月第 1 版第 2 次印刷
定价:20.00 元

编　委　会

前言

正如管理大师彼特·德鲁克所说：管理学既不是一门艺术也不是一门科学，而是一种实践，其成就是以管理结果来衡量。因此教育部高校实验室教学示范中心的建设要求就是：以培养学生实践能力、创新能力和提高教学质量为宗旨，树立以能力培养为核心的实验教学观念，建立有利于培养学生实践能力和创新能力的实践教学体系。虚拟实验室在培养学生的实践能力、研究能力、创新能力和综合素质等方面有着其他教学环节所不能替代的独特作用。

为此，重庆师范大学涉外商贸学院创客学院联合国内知名创新创业教育领导厂商——杭州贝腾科技有限公司，在创业之星仿真实训软件基础上推出配套实训指导教程，以方便高校实验室和大学生创新创业培训在日常教学中能够让学生更加直观有效的操作和训练。

本书是《创业之星》实验室的配套操作指导教程，也可以作为大学生创新创业培训指导教程，是在该平台领先的商业模拟技术与成熟的训练模型基础上，结合日常实验教学实际情况进行针对性的设计与编写。本书目标是帮助学生在虚拟环境下亲身体验企业的真实运作管理，系统提升学生分析问题与解决问题的能力，着力培养复合型、实用型人才。

本书由七章构成，分别是：平台简介、系统登录、学生端基本操作、创业计划操作、创业准备操作、各项经营决策操作、查询分析功能操作。在该书的指导和帮助下，学生可以综合运用多种管理模拟技术，包括角色扮演、电脑模拟、竞争博弈、训练模拟等。通过对真实企业的仿真模拟，让参加训练的学生在模拟经营竞赛中体会并学习企业运营管理知识，熟悉企业业务流程，变被动为主动学习，变填鸭式学习为创造性学习，最大限度地调动学生的学习积极性，实现教与学的有机结合，形成教师与学生的良性互动。学生在课程学习与训练过程中需要运用的理论知识结构包括：《管理学》、《组织行为学》、《统计学》、《价格学》、《战略管理》、《财务管理》、《市场营销》、《经济学》、《生产管理》、《人力资源管理》、《绩效评估》、《沟通技巧》等。通过该平台学习训练，学生将更好地了解真实企业的运作管理，提升分析决策的能力，培养与锻炼大学生创业者的综合能力素质。

在此，对杭州贝腾科技有限公司为本书出版提供的软件平台、操作界面、信息数据和技术指导等方面给予的大力支持表示感谢！鉴于创新创业教育在我国起步时间较短，创新创业教育类虚拟仿真实验室的研发与建设在不断完善中，本书作为创业之星仿真实验室的配套教材也需要不断的修订和完善，在编辑出版中难免有疏漏和不足的地方，请广大读者朋友批评指正。

编　者

目录

第一章 《创业之星》平台简介

《创业之星——大学生创业模拟实验室》(以下简称《创业之星》)是配合教育部加强创业教育实训的要求而全新推出的产品，是国内第一套全程创业模拟实训的训练平台。《创业之星》采用国际上领先的商业模拟技术来实现创业模拟的全过程。学生在《创业之星》平台下模拟真实企业的创立过程，完成创业计划书、办理工商税务登记注册、对创立企业进行运营管理等管理决策。通过对真实创业环境的逼真模拟，帮助学生掌握在真实企业创业过程中可能遇到的各种情况与经营决策，并对出现的问题和运营结果进行分析与评估，从而对创业有更真实的体验与更深刻的理解，帮助学生提升创业意识，掌握创业技能，增强择业就业的能力。

《创业之星》涵盖了从计划、准备到实施的创业全过程。《创业之星》主要包括三大部分功能模块：创业计划、创业准备、创业实践。

模块一：创业计划

根据《创业之星》整个训练系统平台的商业背景环境与数据规则，分析市场环境与竞争形势，完成公司创业计划书的编写。创业团队首先对背景环境进行商业机会分析，组建经营团队，制订资金筹措计划，撰写公司名称，制定公司章程，并编写一份完整的创业计划书。

模块二：创业准备

当创业者有了想法，并已经做好了资金、人员、技术、场地、设备、公司名称等方面的各项准备工作后，就进入了企业的初创阶段。参加训练的学生需要独立完成公司注册审批流程的所有工作。

公司注册审批的环节主要包括：租赁办公场所、公司名称审核、银行注资、会计事务所验资、工商办证、税务办证、质量监督、刻制公章、办理保险等。需要根据系统规定的流程，完成相关表格的填写与资料的准备工作。

模块三：创业管理

企业的生存发展如同一个生命的有机体一样，也会经历初创、成长、发展、成熟、衰退等阶段，即企业发展的生命周期。《创业之星》在创业管理模块环节就是让学生实战中模拟企业的运营管理，围绕创业企业发展的生命周期，制定各项决策，并最终推动企业成长壮大。

创业管理是训练和提升学生创业能力的关键环节，也是检验创业计划可行性的实践环节。通过对真实企业的仿真模拟，所有参加训练的学生分成若干小组，组建成若干虚拟公司，在同一市场环境下相互竞争与发展。每个小组的成员分别担任虚拟公司的总经理(CEO)、财务总监(CFO)、营销总监(CMO)、生产总监(CPO)、研发总监(CTO)、人力资源总监(CHO)等岗位，并承担相关的管理工作。通过对市场环境与背景资料的分析讨论，完成企业运营过程中的各项决策，包括战略规划、品牌设计、营销策略、市场开发、产品计划、生产规划、融资策略、财务预算等。通过团队成员的努力，努力使公司实现既定的战略目标，并在所有公司中脱颖而出。

第二章 《创业之星》系统登录

一、运行《创业之星》服务器

《创业之星》整个系统平台包括了服务器端、教师端、学生端三部分。

要运行《创业之星》系统，首先需要启动安装《创业之星》系统所在的服务器电脑，运行 SQL Server 数据库，再运行服务器上的《创业之星》数据处理中心程序，启动服务。

正常启动运行后，《创业之星》服务程序的窗口会显示在桌面上。

二、启动《创业之星》教师端

1. 运行《创业之星》教师端程序，如图 2-1 所示：

图 2-1 启动教师端程序

◇“服务器”：填入《创业之星》数据处理服务器所在的 IP 地址或网址，如在本机，则输入“127. 0. 0. 1”；

◇“教室号码”：输入要登录的教室号码，系统默认设置了数十个可以使用的教室号码，如 101、102 至 109、201、202 至 209 等。根据系统管理员的授权，登录可以使用的教室号码名称；

◇“进入口令”：默认系统中所有教室均没有设置进入口令，如果教室设置了口令，则需要在此输入该教室的进入口令；

◇ 打开“高级设置”，这里可以对连接服务器的连接端口进行配置。系统默认的连接端口是“80”，如果服务器上配置修改了连接端口号码，请输入正确的连接端口号码；

2. 点击“进入教室”，如果服务器连接正确，会出现该教室的班级列表。第一次使用时，还没有建立任何上课的班级，班级列表是空的。可以选择“新建班级”菜单，创建一个新的班级，再选择该班级进入，如图 2-2 所示：

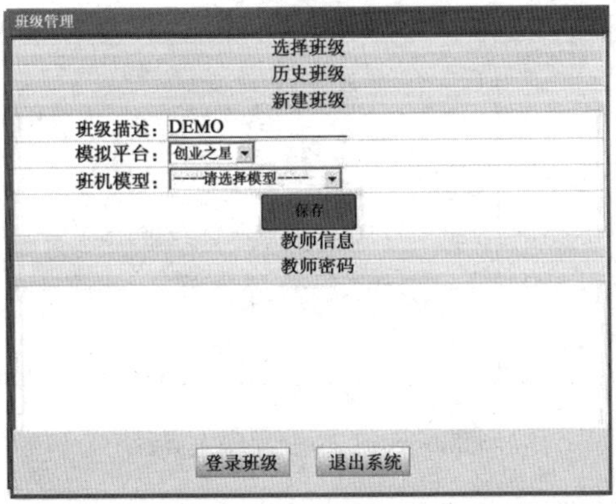

图 2-2 新建班级

3. 建立的班级名会出现在班级列表中，在班级列表中选择该班级，点击“登录班级”，如图 2-3 所示：

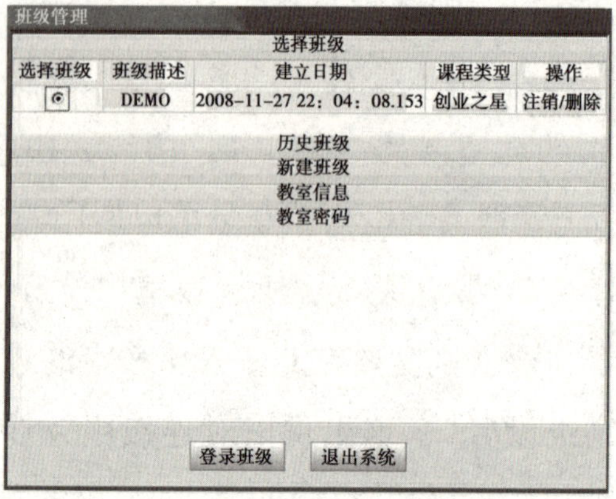

图 2-3　登陆班级

4. 进入教室号，显示教师端程序进入后的主界面。教师端程序主界面分为三大部分：左边为参数配置等所有操作菜单，右上为操作显示内容的主窗口，右下为参加训练的小组情况及基本信息列表，如图 2-4 所示：

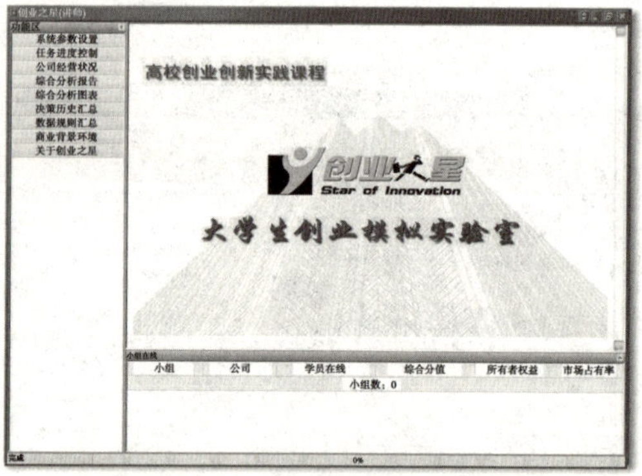

图 2-4　教师端程序主界面

至此，教师端程序已经正常启动运行。

三、启动《创业之星》学生端

1. 运行《创业之星》学生端程序，如图 2-5 所示：

图 2-5 启动学生端程序

◇“服务器”：填入《创业之星》数据处理服务器所在的 IP 地址或网址，如在本机，则输入“127. 0. 0. 1”；

◇“教室”：输入要进入的教室号码，该教师必须已经由教师启动教师端程序进入；

◇“端口”：输入连接服务器的端口号，默认是“80”，可根据实际情况输入；

2. 如正常连接，将会出现学生登录窗口。在第一次使用时，没有任何学生可以登录，需要学生提交申请，教师审核通过后才可以使用该学生名字登录；

3. 点击“注册新用户”，在出现的注册页面输入登录的学生信息。学生要完成注册，教师还需要先设定参加训练的小组数。在教师端程序主界面，点击左边菜单“系统参数设置-学员分组管理”，按提示创建小组序号和小组名称。创建成功后会在中间列表中显示已创建的小组序号及名称，如图 2-6 所示：

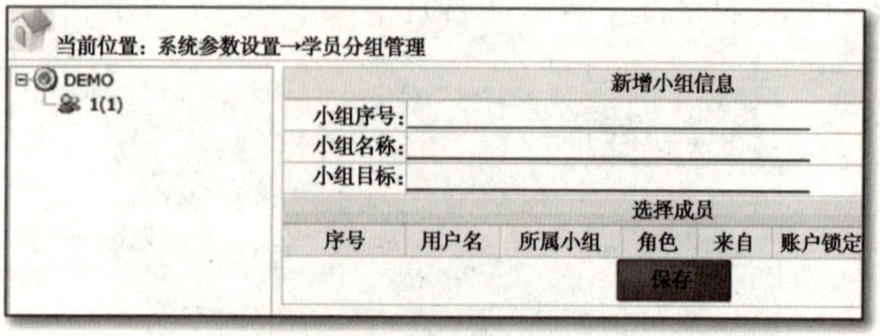

图 2-6　新增小组

4. 教师组建了小组后，学生端在注册新成员信息页面的“小组”栏，选择要加入的小组。其他所有标志“ * ”的表示该栏信息必须输入，有些信息是后面工商登记注册需要用到的。完成全部信息输入后，点击“注册”，如图 2-7 所示：

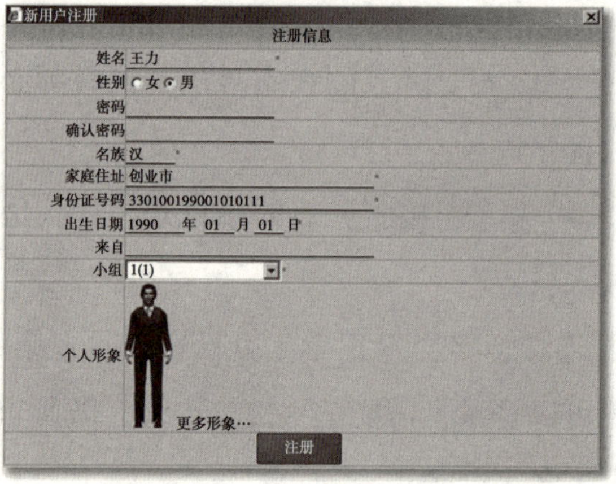

图 2-7　填写注册信息

5. 学生提交注册申请后，在教师端程序，点击左边菜单“系统参数设置-学员分组管理”，右边会显示出新申请的学生姓名。

点击该名字右边的“账户锁定”一栏的加锁标志，标志变为“ ”，则表示已同意该学生注册，如图 2-8 所示：

选择成员							
序号	用户名	所属小组	角色	来自	账户锁定	操作1	操作2
□	王力	1(1)	0			删除	清空密码
保存							

图 2-8 同意学生注册

6. 再到学生端，按“F5”键刷新屏幕，或重新启动程序，会看到申请已获教师批准。选择刚申请注册的学生名字，点击“登录”，即可进入学生端程序的主场景，如图 2-9 所示：

图 2-9 学生端程序主场景

至此，学生端程序已正常启动运行。

第三章 《创业之星》学生端基本操作

一、主场景功能分布简介

学生端程序运行并成功登录后，进入的主场景如图 3-1 所示。

图 3-1 学生端程序主场景

主场景是一个创业园区的示意图，每幢楼分别代表着某一个办事机构，分别可以去办理相关事宜。在下面是一个快速导航仪表盘，上面有进入各个办事机构的快捷菜单，以及系统信息提示和帮助等信息。

下面分别对各个大楼的功能与作用作简要说明：

1.“创业大厦”：所有创业企业办公所在地，对应仪表盘上的“公司”；

2.“创业银行”：创业园区的金融机构，可以到这里办理公司开户与申请借款等业务，对应仪表盘上的“银行”；

3.“会计事务所”：新公司创立时，办理股东注资情况的验证证明，对应仪表盘上的“会计”；

4.“工商行政管理局”：新公司创立时，办理公司名称审核及注册等事宜，对应仪表盘上的“工商”；

5.“国家税务局”：新公司创立时，办理国税税务登记证书，对应仪表盘上的“国税”；

6.“地方税务局”：新公司创立时，办理地税税务登记证书，对应仪表盘上的“地税”；

7.“质量技术监督局”：新公司创立时，办理组织机构代码证，对应仪表盘上的“质检”；

8.“刻章店”：新公司创立时，刻制公司各类印章，对应仪表盘上的“刻章”；

9.“人力资源与社会保障局”：办理公司社会保险登记证，员工养老保险办理，对应仪表盘上的“劳保”；

10.“交易市场”：办理人员招聘，原材料转让交易，厂房设备交易，商业情况购买等，对应仪表盘上的“市场”。

每幢楼的入口处有一个进入大楼的标志“”，鼠标移到这个位置上，当出现“进入”提示时，点击鼠标左键，可以进入

到相应的大楼办理相关业务。

二、公司场景功能分布

企业创立后，在运营阶段，大部分工作主要是在公司内部来完成。公司内部包括了各个管理部门，包括研发部、市场部、销售部、制造部、财务部、人力资源部等部门，另外还有总经理、会议室、原料仓库、生产车间、成品仓库等可以操作管理。

以下先介绍各部门或场景的主要功能与作用，再结合各部门或场景的操作来介绍相关功能的使用。

在主场景中点击进入“创业大厦”，或在导航仪表盘上点击“公司”，快速进入公司内部场景。公司场景的界面见图 3-2。

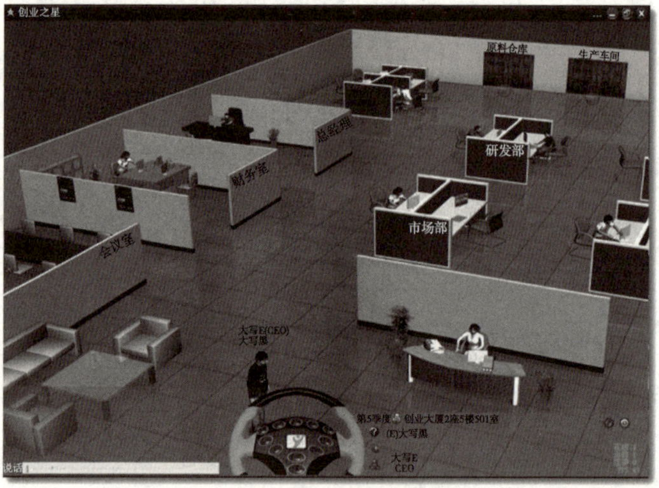

图 3-2 公司内部场景

在下半部分是一个快速导航仪表盘，可以帮助使用者快速进入到相关部门或场景中，上面是公司内部各个部门的情况。

◇“研发部”：负责新产品的设计工作，并对新设计产品进行研发，设计研发完成的产品才可以生产与销售；

◇“市场部”：负责各区域市场的开发工作，并负责各阶段市场广告宣传投放方案的制订；

◇“销售部”：负责对部门销售人员进行岗位调整、培训安排以及是否要计划辞退等决策；

◇“制造部”：负责采购原料、购置厂房、购置设备、生产资质认证投入等决策，并确定是否辞退生产工人，对销售部门接到的产品订单落实交付；

◇“财务部”：负责公司各阶段现金预算的制定，根据公司发展需要制订筹资计划；应收账款—账款贴现，根据货款到款周期不同，需支付的贴现利率也不同，具体利率请查看数据规则；

◇“人力资源部”：负责员工招聘、签订合同、解除合同、员工培训等所有与员工有关的决策；

◇“会议室”：在这里完成公司的创业计划书与经营计划书的撰写，完成公司章程的撰写；并可以看到完整的商业背景环境与运营规则；

◇“总经理”：对公司整体运营情况及各部门经营的数据进行查询分析；

◇“原料仓库”：查看公司原材料仓库中的所有原料信息；

◇“成品仓库”：查看公司产成品仓库中的所有产品信息；

◇“生产车间”：负责产品生产计划的编排与制订，并对厂房与设备进行相关操作；

三、导航仪表盘的操作使用

导航仪表盘的分布情况如图 3-3 所示，点击上面的各个按钮可以快速进入相关部门，方便在不同部门和机构间快速切换。如点击“公司”，可以快速跳转到创业大厦的公司办公场景；点击“主”，可以快速回到主场景等等。

图 3-3　导航仪表盘

在导航仪表盘的右边，还有一些快速操作的提示信息，如图 3-4 所示。

图 3-4　快速操作

1.“第0季度”：显示当前系统的时间周期。“第 0 季度”表示的是公司成立前的阶段，即对应创业计划和创业准备阶段的时间，需要完成创业计划书及工商税务登记注册等任务；

2.“”：显示公司目前所拥有的现金数量，鼠标移至此位置会出现目前公司现金余额的提示信息；

3. “”：背景音乐开关，点击可以切换打开或关闭背景音乐；

4. “”：系统帮助，打开后可以查看到系统中的帮助信息；

5. “”：小组成员信息，打开后可以看到本小组所有成员的身份信息等资料；

6. “”：编辑个人信息，对个人的基本信息资料进行修改，分配担任的管理角色。

在导航仪表盘的左边区域，是系统信息的发布栏。系统中一些重要提示信息，包括其他公司需要转卖的原料、厂房、设备等商情信息均在这里发布。

四、管理岗位与角色分工

在正式开始运营管理前，首先需要对团队中的每位成员进行岗位分工与角色任命。这项工作可以点击导航仪表盘上的“编辑个人信息”按钮，在弹出窗口中来完成角色分工，如图 3-5 所示。

图 3-5　编辑个人信息

打开窗口中可以对公司基本信息进行配置调整，设置个人形象，并确定个人所担任的岗位角色。在系统中，默认设定了六个岗位角色：总经理 CEO、财务总监 CFO、生产总监 CPO、市场总监 CMO、研发总监 CTO、销售总监 CSO 等，根据团队人数多少，可以一人担任一个角色或多个角色。完成后点击“保存”，重新运行学生端程序登录系统。

第四章 《创业之星》创业计划操作

根据《创业之星》整个训练系统平台的商业背景环境与数据规则，完成创业计划书的编写。创业者首先对背景环境进行商业机会分析，组建经营团队，制订资金筹措计划，拟定公司名称，制订公司章程，并撰写一份完整的创业计划书。

在拿到商业背景环境的资料后，参加学习训练的学生需要完成以下几项工作，如图 4-1 所示。

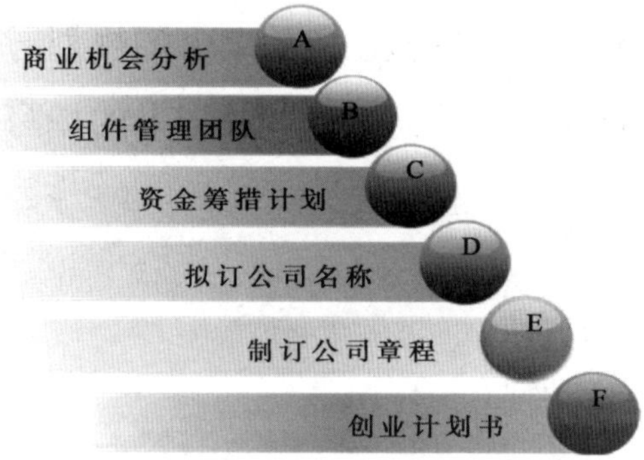

图 4-1　创业计划步骤

组成创业公司的训练团队首先要对市场商业机会进行研究，并分析市场竞争形势，从而撰写出合理的创业计划书。创业计划书的内容主要包括：摘要、公司简介、市场分析、竞争分析、产品服务、市场营销、财务计划、风险分析、内部管理等方面，如图 4-2 所示。

图 4-2　创业计划书主要内容

创业计划书的撰写主要是在课余时间完成。写好创业计划书后，进入公司主场景，点击“会议室”，在弹出窗口中点击“创业计划”，将完成的创业计划书复制到这里即可。

创业计划书的撰写不是目的，最终需要与企业创立后实际运营的数据结果相对比，检验创业计划书的规划与实际绩效之间的差异，分析主要原因，从而对创业计划书的撰写有更加全面与直观的认识。

第五章 《创业之星》创业准备操作

当创业者有了想法，并已经做好了资金、人员、技术、场地、设备、公司名称等方面的各项准备工作后，就进入了企业的初创阶段。参加训练的学生需要独立完成公司注册审批流程的所有工作。

公司注册的整个流程主要包括的工作如图 5-1 所示。

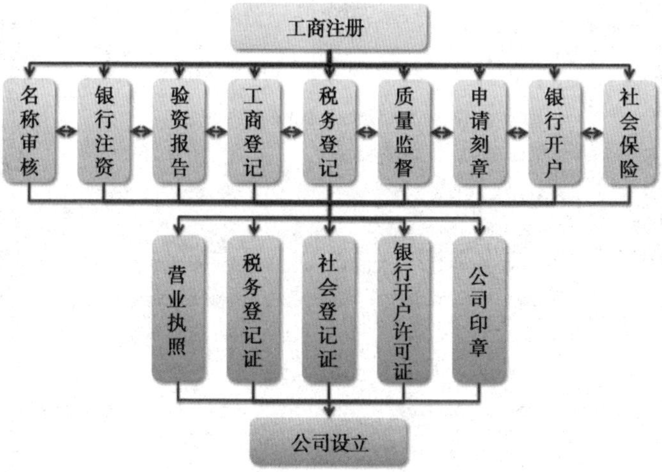

图 5-1 公司注册流程图

一、租赁办公场所

点击“创业大厦”的入口处，由于是第一次进入，会提示是否租赁办公场所，点击“确定”，办理房屋租赁合同，如图 5-2。

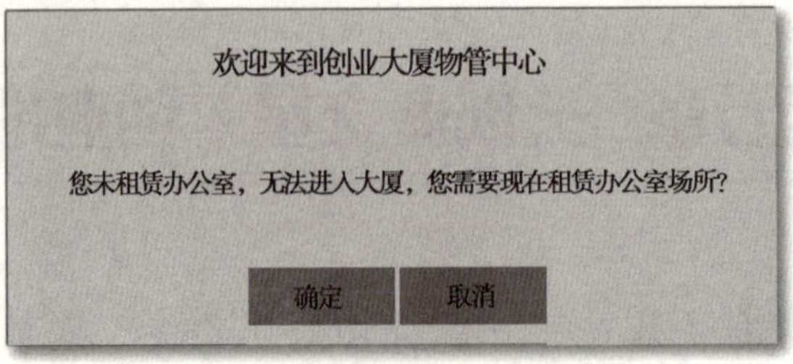

图 5-2　租赁办公场所

根据系统提示完成房屋租赁合同的签订，点击合同右下角的乙方负责人签字处的笔形标志，完成合同的签订，如图 5-3。

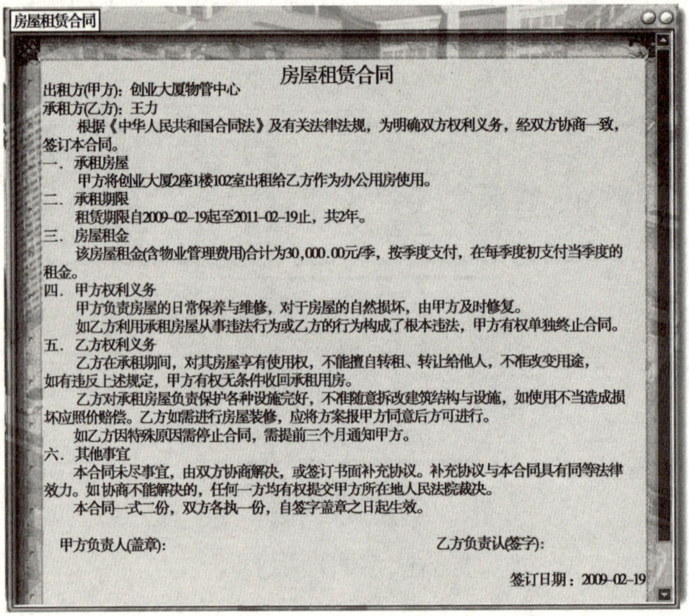
房屋租赁合同

房屋租赁合同

出租方(甲方)：创业大厦物管中心

承租方(乙方)：王力

根据《中华人民共和国合同法》及有关法律法规，为明确双方权利义务，经双方协商一致，签订本合同。

一．承租房屋

甲方将创业大厦2座1楼102室出租给乙方作为办公用房使用。

二．承租期限

租赁期限自2009-02-19起至2011-02-19止，共2年。

三．房屋租金

该房屋租金(含物业管理费用)合计为30,000.00元/季，按季度支付，在每季度初支付当季度的租金。

四．甲方权利义务

甲方负责房屋的日常保养与维修，对于房屋的自然损坏，由甲方及时修复。

如乙方利用承租房屋从事违法行为或乙方的行为构成了根本违法，甲方有权单独终止合同。

五．乙方权利义务

乙方在承租期间，对其房屋享有使用权，不能擅自转租、转让给他人，不准改变用途，如有违反上述规定，甲方有权无条件收回承租用房。

乙方对承租房屋负责保护各种设施完好，不准随意拆改建筑结构与设施，如使用不当造成损坏应照价赔偿。乙方如需进行房屋装修，应将方案报甲方同意后方可进行。

如乙方因特殊原因需停止合同，需提前三个月通知甲方。

六．其他事宜

本合同未尽事宜，由双方协商解决，或签订书面补充协议。补充协议与本合同具有同等法律效力。如协商不能解决的，任何一方均有权提交甲方所在地人民法院裁决。

本合同一式二份，双方各执一份，自签字盖章之日起生效。

甲方负责人(盖章)：　　　　乙方负责认(签字)：

签订日期：2009-02-19

图 5-3　签订房屋租赁合同

合同签订成功后，系统会自动为你分配一间办公室，请记下办公室的详细地址信息，后面注册会用到，如图 5-4。

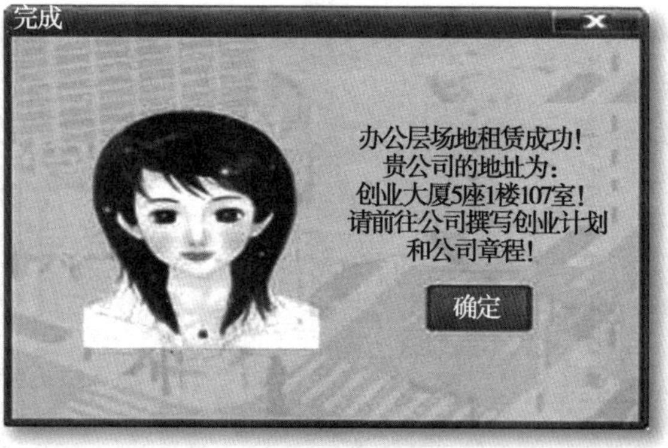

图 5-4　办公室详细地址信息

二、公司名称登记

在主场景点击“工商行政管理局”入口，进入工商局内部，或在导航仪表盘上点击“工商”快速进入工商局。

在办事大厅内可以看到有三个办事窗口，点击最左边的“
”窗口。

1. 在弹出窗口中，选择“指定代表证明”，按要求填写相关信息，并在窗口右下角的投资人签字位置点击签字确认，如图5-5所示；

2. 再选择第一个菜单“名称预先核准”，完成公司名称预先核准申请书的信息填写，如图 5-6 所示；

3. 全部填写完整后提交，如填写内容符合要求且公司名称没有和其他小组冲突，会提示申请成功，可以保留申请的名称作为公司名称。对于各个项目的填写注意事项，在“填写说明”页面中有简要说明，不清楚时可以去查看相关帮助信息；

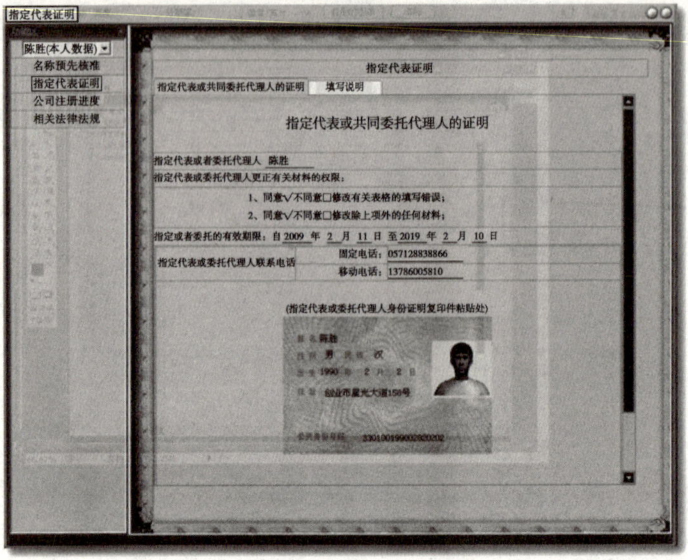
指定代表证明
陈胜(本人数据)
名称预先核准
指定代表证明
公司注册进度
相关法律法规
指定代表证明
指定代表或共同委托代理人的证明
填写说明
指定代表或共同委托代理人的证明
指定代表或者委托代理人 陈胜
指定代表或委托代理人更正有关材料的权限：
1、同意√不同意□修改有关表格的填写错误；
2、同意√不同意□修改除上项外的任何材料；
指定或者委托的有效期限：自 2009 年 2 月 11 日 至 2019 年 2 月 10 日
指定代表或委托代理人联系电话
固定电话：057128838866
移动电话：13786005810
(指定代表或委托代理人身份证明复印件粘贴处)

图 5-5 指定代表证明

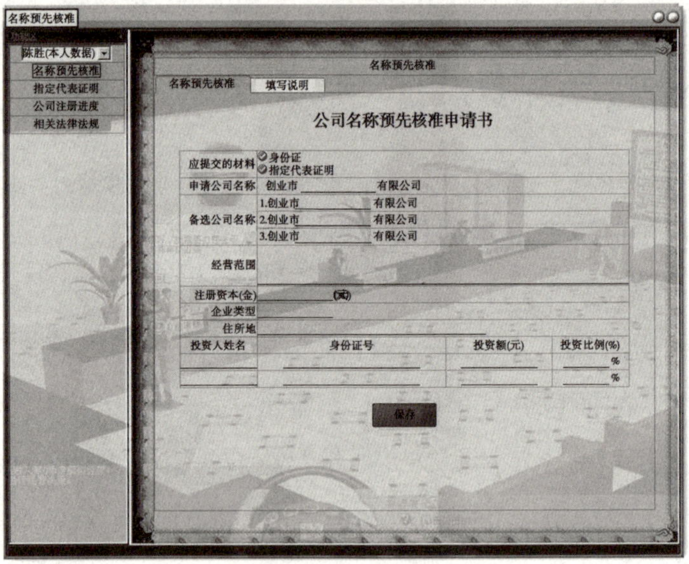
名称预先核准
陈胜(本人数据)
名称预先核准
指定代表证明
公司注册进度
相关法律法规
名称预先核准
填写说明
公司名称预先核准申请书
应提交的材料
身份证
指定代表证明
申请公司名称 创业市 有限公司
备选公司名称 1.创业市 有限公司
2.创业市 有限公司
3.创业市 有限公司
经营范围
注册资本(金) (元)
企业类型
住所地
投资人姓名
身份证号
投资额(元)
投资比例(%)
%
%
保存

图 5-6 公司名称预先核准申请书

4. 点击菜单“公司注册进度”，可以查看到目前公司的注册流程已经完成了哪些工作，进展到哪一步，如图 5-7。公司注册涉及到的每一个机构的决策页面都会有这个帮助页面，可以帮助学生快速了解注册流程的进度情况。

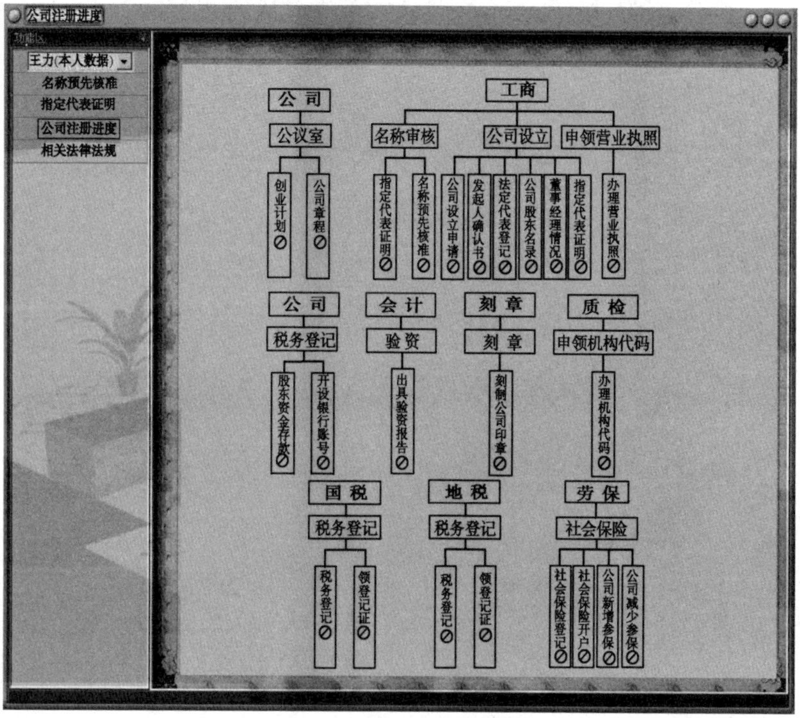

图 5-7 公司注册进度

5. 菜单“相关法律法规”，如图 5-8，提供了与工商登记注册有关的国家法律法规，一方面可以帮助学生在学习中了解相关的知识，另一方面可以更好的理解注册中的一些规定与要求。

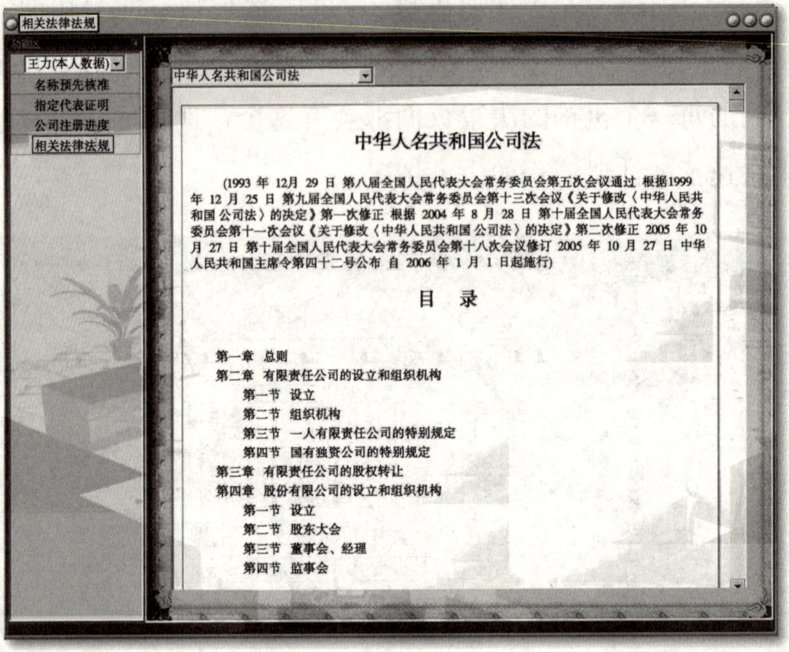

图 5-8　公司法

三、撰写公司章程

在主场景点击“创业大厦”入口，进入公司办公场景，或在导航仪表盘上点击“公司”快速进入公司内部。点击“会议室”，在弹出窗口中点击“公司章程”，完成公司章程的编写工作，如图 5-9。也可以在其他地方写好后粘贴到此处。

编写完成后，在公司章程的最后“全体股东签名”位置处，点击签名。如果一个小组有多个股东构成，则其他股东会自动完成签名。

图 5-9　撰写公司章程

四、公司注册资金

在主场景点击“创业银行”入口，进入创业银行，或在导航仪表盘上点击“银行”快速进入创业银行。点击“对公业务”窗口，在弹出窗口中点击“股东资金存款”菜单，确认将所有股东资金存入银行，如图 5-10。

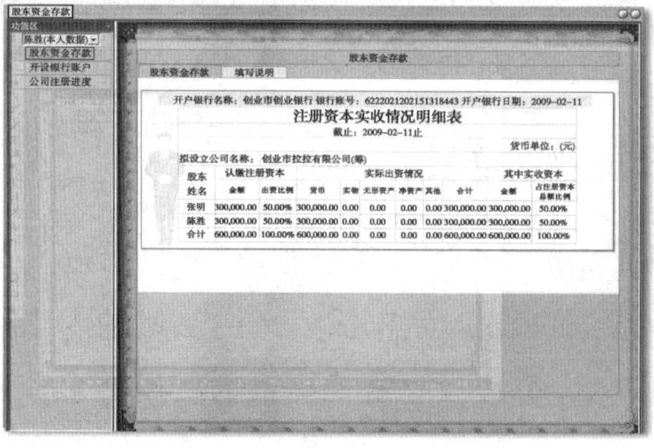

图 5-10　公司注册资金

五、领取验资证明

在主场景点击“会计师事务所”入口，进入会计师事务所，或在导航仪表盘上点击“会计”快速进入会计师事务所。在弹出窗口中点击“出具验资报告”菜单，完成公司股东注册资金的验资，并领取验资证明，如图 5-11 所示。

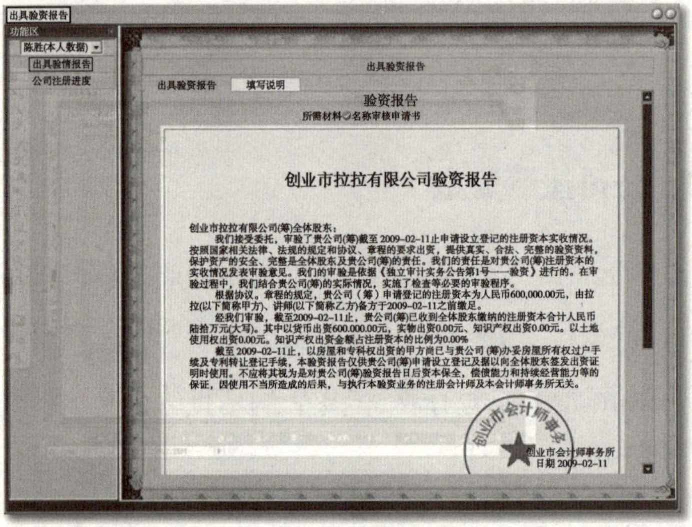

图 5-11 出具验资报告

六、公司设立登记

在主场景点击“工商行政管理局”入口，进入工商行政管理局，或在导航仪表盘上点击“工商”快速进入工商行政管理局，如图 5-12。公司设立需要提供的资料较多，要首先全部准备好。

图 5-12　工商行政管理局

1. 点击“发起人确认书”，如图 5-13，在所有签字的地方签字确认。如果公司由多名股东组成，系统会自动将其他股东的名字签好；

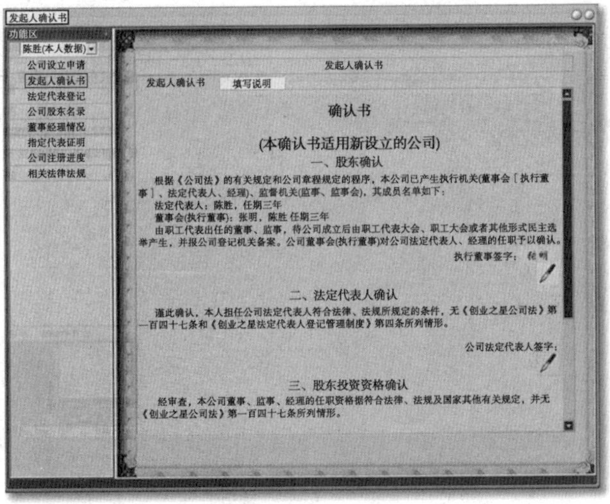

图 5-13　发起人确认书

2. 点击“法定代表登记”，填写法定代表人信息，并签字确认，如图 5-14。如果公司由多名股东组成，系统默认当前使用者就是法定代表人；

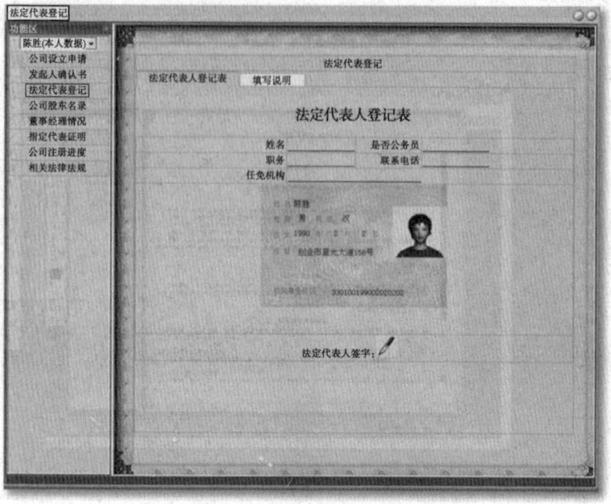

图 5-14　法定代表人登记表

3. 点击“公司股东名录”，填写公司股东(发起人)名录信息，如图 5-15。如果公司由多名股东组成，则要填写所有股东的相关信息；

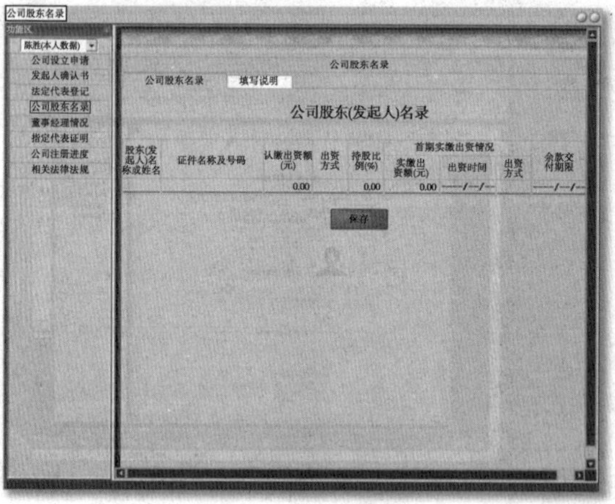

图 5-15　公司股东名录

4. 点击“董事经理情况”，填写公司所有董事、经理的相关信息，如图 5-16；

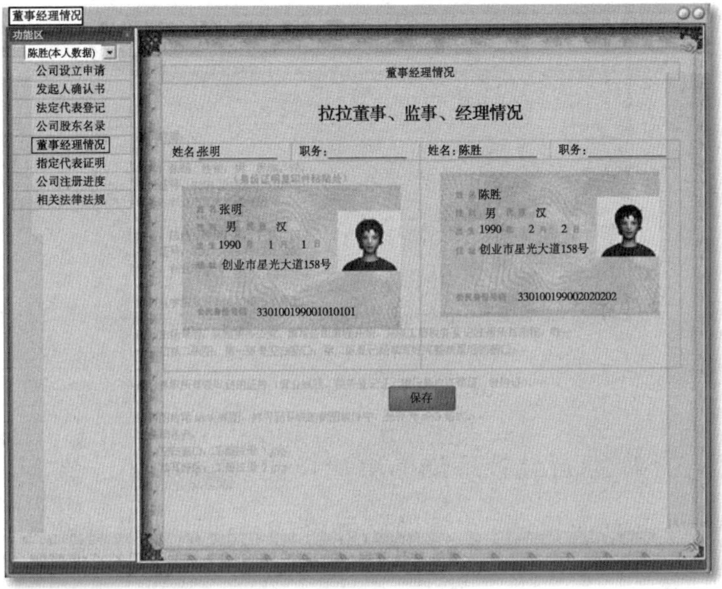

图 5-16　董事、经理情况

5. 点击“指定代表证明”，指定办理公司登记注册的代表人。这项工作在公司名称预审核中已经做好，系统默认就是同一个人来办理；

6. 完成了以上所有准备工作后，最后点击第一项菜单“公司设立申请”，填写公司设立申请表。这时可以看到最上面显示的办理公司设立申请需要准备的所有材料已经都准备好了，相应资料名称前面会用如标志“√”表示，否则会显示“×”。根据填表要求完成公司设立申请表的填写，点击最后的签字确认，如图5-17；

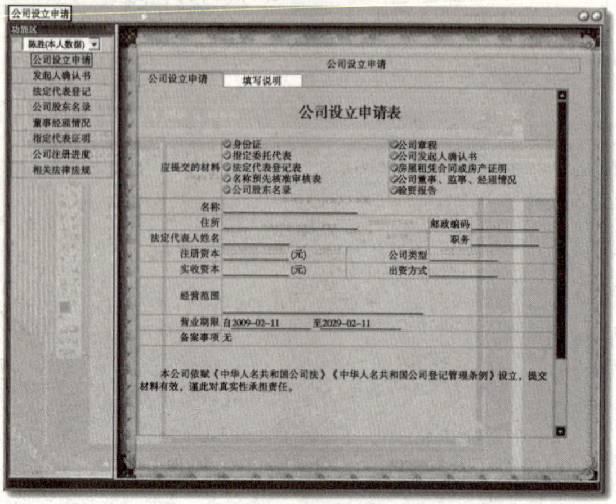

图 5-17　公司设立申请表

7. 点击工商行政管理局办事窗口的“申领营业执照”，在弹出窗口中点击“办领营业执照”，领取已办好的企业法人营业执照，如图5-18。

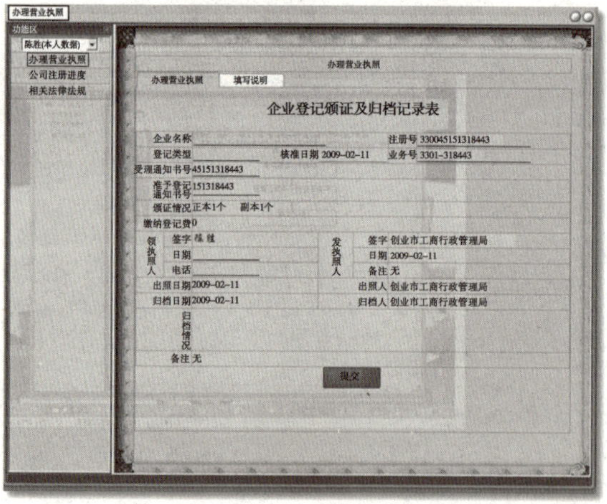

图 5-18　领取营业执照

七、刻制公司印章

在主场景点击“刻章店”入口，进入刻章店，或在导航仪表盘上点击“刻章”快速进入刻章店，如图 5-19。凭公司法人营业执照并提交刻制公司印章的申请，完成公司章、法人章、财务章的刻制。

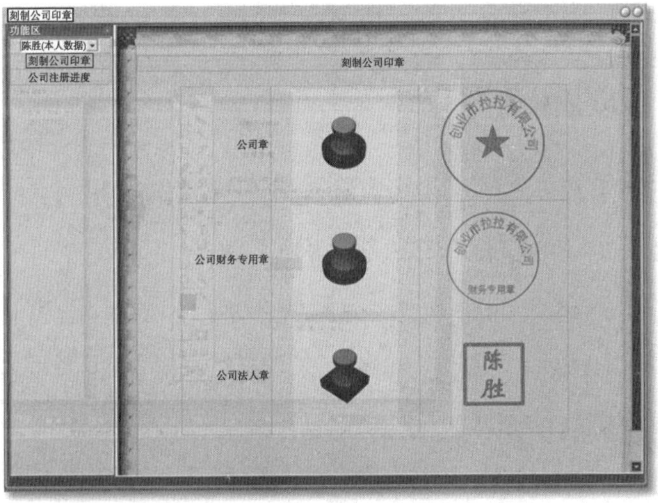

图 5-19　刻制公司印章

八、办理机构代码

在主场景点击“质量技术监督局”入口，进入质量技术监督局，或在导航仪表盘上点击“质检”快速进入质量技术监督局。办理公司组织机构代码证，如图 5-20。

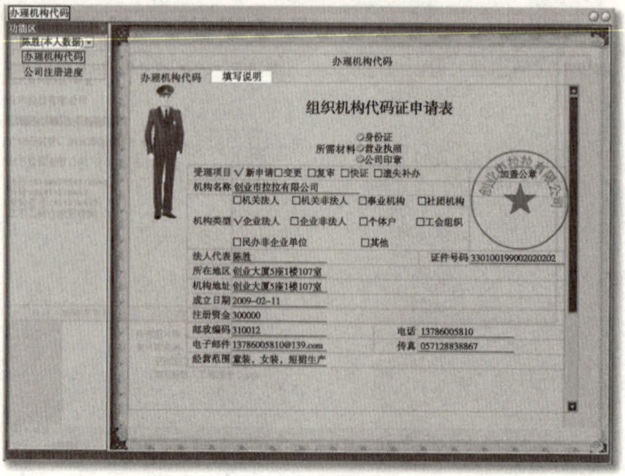

图 5-20　组织机构代码证申请表

九、办理税务登记

在主场景点击“国家税务局”入口，进入国家税务局，或在导航仪表盘上点击“国税”快速进入国家税务局。要办理税务登记证，首先在办事大厅中点击“税务登记”窗口，在弹出窗口中点击“税务登记(国税)”，如图 5-21，按要求完成税务登记表所有项目，在表格最后面盖上公司章和法人章。

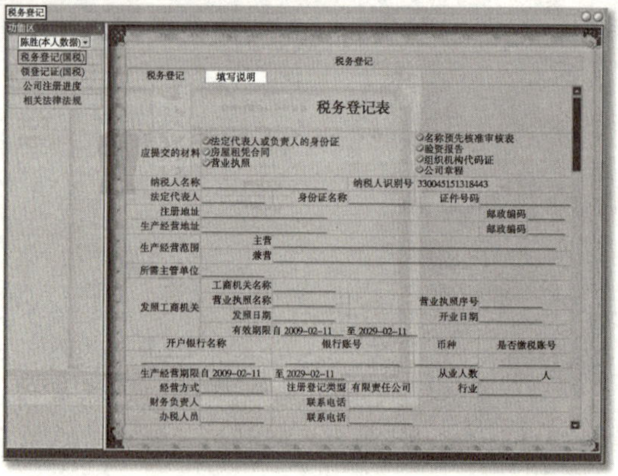

图 5-21　税务登记表

办理好后，再点击“领登记证(国税)”，领取正式的国税税务登记证。

地税税务登记证与国税税务登记证的办理方法类似。在主场景点击“地方税务局”入口，进入地方税务局，或在导航仪表盘上点击“地税”快速进入地方税务局。在办事大厅中点击“税务登记”窗口，在弹出窗口中点击“税务登记(地税)”，按要求完成税务登记表所有项目，在表格最后面盖上公司章和法人章。

地税税务登记证均办理好后，点击“领登记证(地税)”，领取公司税务登记证。国税登记证和地税登记证使用的是两个部门的联合发证，上面有两个部门的公章，如图 5-22。

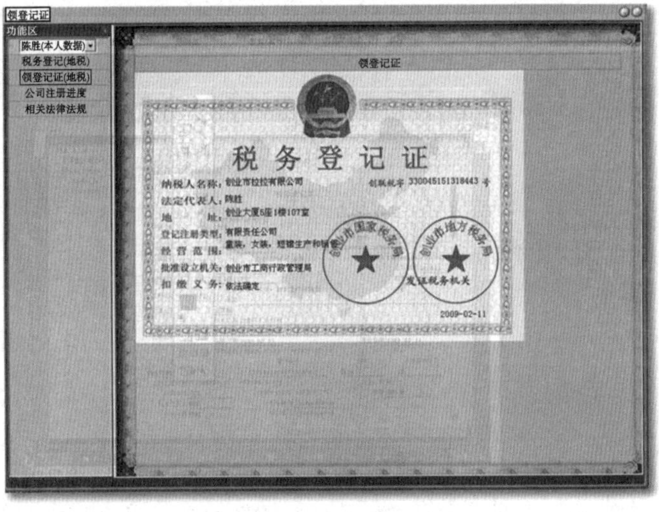

图 5-22　税务登记证

十、开设公司账户

在主场景点击“创业银行”入口，进入创业银行，或在导航仪表盘上点击“银行”快速进入创业银行。点击“对公业务”窗口，在弹出窗口中点击“开设银行账户”菜单，如图 5-23。

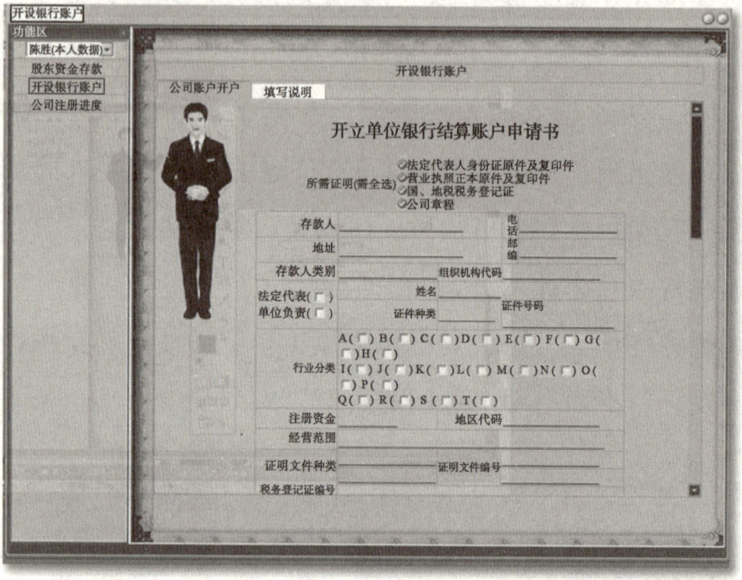

图 5-23 开设银行账户

十一、办理社会保险

在主场景点击“人力资源和社会保障局”入口，进入人力资源和社会保障局，或在导航仪表盘上点击“社保”快速进入人力资源和社会保障局。点击“社会保险”窗口，在弹出窗口中点击“社会保险登记”，完成“用人单位社会保险登记表”的填写，如图 5-24。

再点击“社会保险开户”，完成企业社会保险开户登记表的填写，如图 5-25。

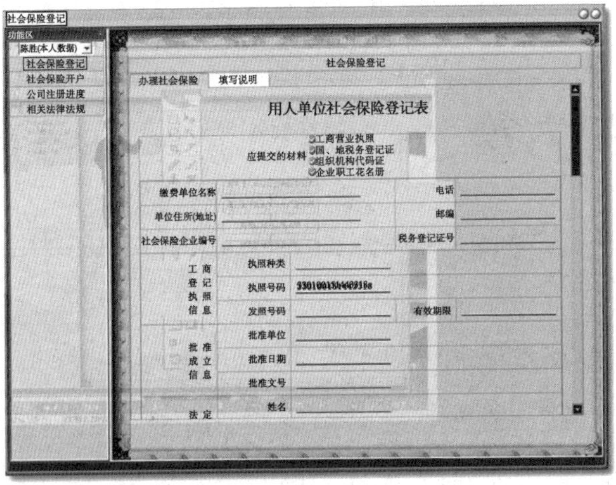

图 5-24 用人单位社会保险登记表

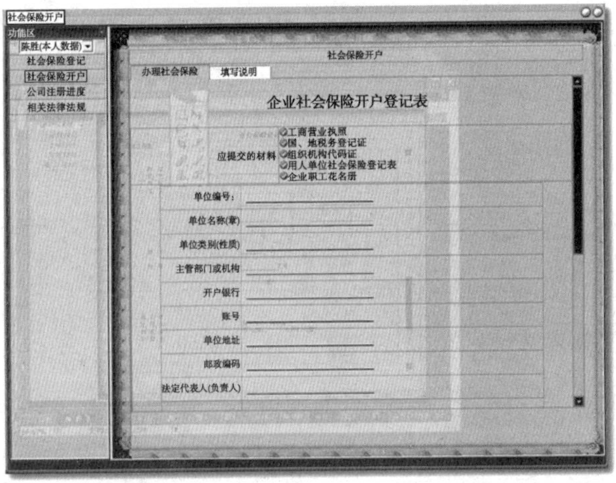

图 5-25 企业社会保险开户登记表

至此，已完全完成公司工商税务登记所有流程工作，公司正式成立，可以开张营业了。接下来将进入到创业企业运营管理阶段。

第六章 《创业之星》各项经营决策操作

企业的生存发展如同一个有生命的有机体一样，也会经历初创、成长、发展、成熟、衰退等阶段，即企业发展的生命周期。《创业之星》在创业管理模块环节就是让学生实战中模拟企业的运营管理，围绕企业发展的生命周期，制定各项决策，并最终推动企业成长壮大。

创业管理是本系统的核心部分，是训练和提升学生创业能力的关键环节，也是检验创业计划可行性的实践环节。通过对真实企业的仿真模拟，所有参加训练的学生分成若干小组，组建成若干虚拟公司，在同一市场环境下相互竞争与发展。每个小组的成员分别担任虚拟公司的总经理、财务总监、营销总监、生产总监、研发总监、人力资源总监等岗位，并承担相关的管理工作。小组成员通过对市场环境与背景资料的分析讨论，完成企业运营过程中的各项决策，包括战略规划、品牌设计、营销策略、市场开发、产品计划、生产规划、融资策略、成本分析等等，如图6-1。

在《创业之星》中，每个小组需要独立做出众多的经营决策，使创业企业能够逐步成长壮大。这些经营决策涉及一个创业企业的各个方面。同时，团队合作、沟通技巧、执行力等也是整个决策过程中至关重要的环节。综合考虑各种因素的影响，充分发挥团队的作用，是制订有效决策和最终取胜的关键。

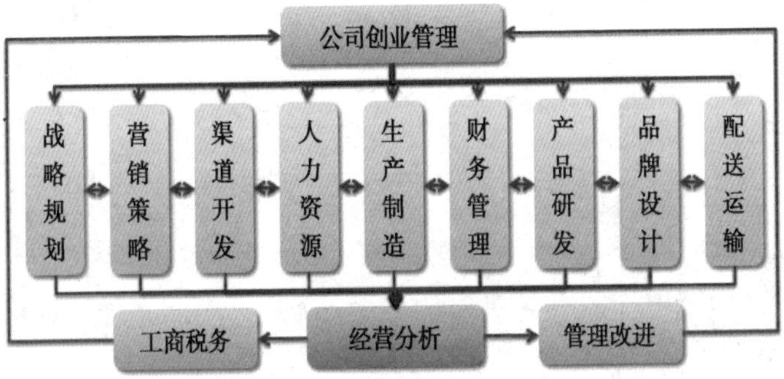

图 6-1 公司创业管理

一、产品研发计划

（一）新产品设计

进入公司场景，点击“研发部”，在弹出窗口中选择“决策内容-产品设计”，完成公司需要设计的品牌数量、品牌名称及每一个产品的原料构成。

在窗口右边，

标签是产品设计的主界面，显示构成产品的所有可用原料类型及组合；

标签则显示有关设计产品的相关操作说明，如图 6-2。

1.“新产品名称”栏：输入新设计的产品名称；

2.“目标消费群体”栏：市场上共有三类消费群体（根据系统

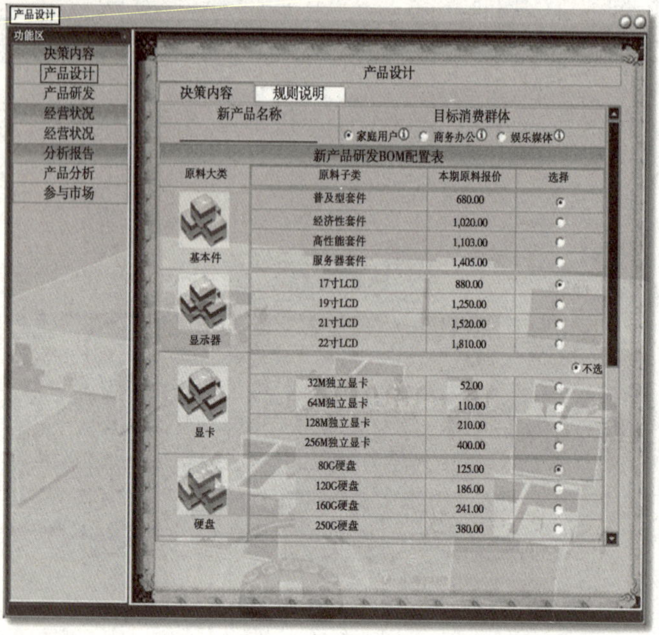

图 6-2 新产品设计

初始化设定)，选择确定该品牌产品所面对的消费群体，即计划针对哪一类用户进行销售；

3. “BOM 配置表”栏：选择构成该产品的原料组合，组合不同，该产品的生产成本也不相同，对消费者的影响也不同；

4. 选择好原料组合后，在后面会动态显示构成该产品的所有原料的成本价以及完成该产品所需要花的研发时间，确定选择好后点击“保存”；

5. 在窗口的下方会显示出已经完成设计的产品品牌，右边有一个“ⓘ”标志。将鼠标移到这个位置，会实时显示出该产品的原料构成等信息。同时，如果产品还没有投入研发，可以随时撤销刚设计的品牌，点击“撤销”可撤销该产品品牌；

（二）新产品研发

进入公司场景，点击“研发部”，在弹出窗口中选择“决策内容-产品研发”，如图 6-3，完成公司相关产品的研发投入工作。全部完成了产品的研发后，才允许正式生产制造该产品。

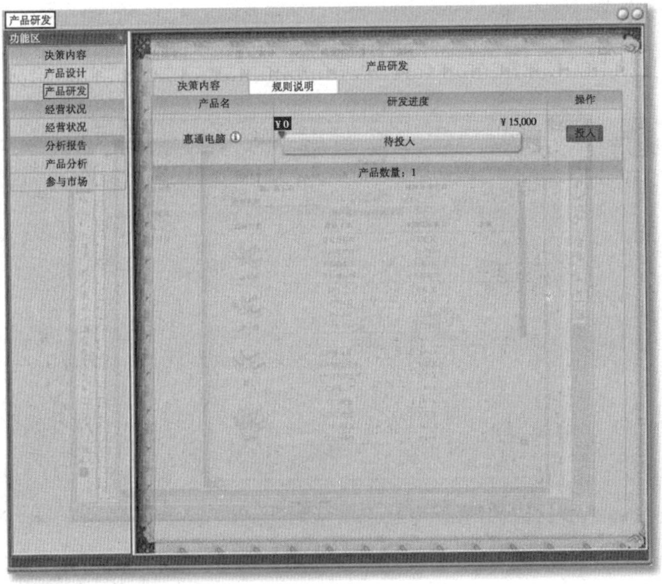

图 6-3　新产品研发

根据产品原料的组合情况，不同设计的产品的研发周期也不相同。一般而言，原材料组成种类越多，设计的复杂性越高，所要花费的研发时间及费用会越多。

点击“投入”即可投入本季度的产品研发经费，点击“撤销”可撤销本季度的投入。

二、物料需求计划

在公司场景点击“制造部”，在弹出窗口出选择“决策内容-原料采购”，根据产品品牌的原料构成、销售预测、到货周期等信息，完成所有需要生产产品的原料采购。

1. 根据企业产品设计的组合情况，先计算好总共需要采购的原料种类与数量，在“采购数量”一栏输入需要采购相应原料的数量，完成后点击“保存”，如图 6-4；

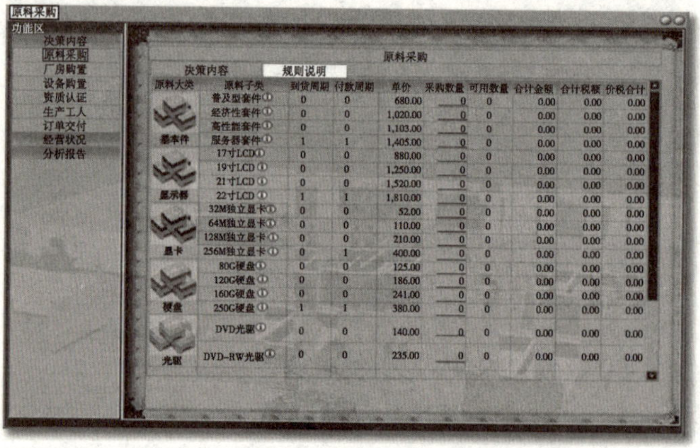

图 6-4 原料采购

2. 在制订原料采购计划时要注意的是，这里所有的单价都是指不含税的价格，实际支付的金额是最右边的价税合计金额。此外，不同原料的订货周期是不同的，要根据公司整个生产计划的安排前提做好所有原料的采购计划；

3. 原料如果买错了或买多了可以取消购买操作，将鼠标移到“原料子类”下相关的原料名称边的“ⓘ”标志上，会显示出该类原料的采购计划。在要取消的采购计划最右边的“操作”栏点击“撤销”，取消该笔采购计划，如图 6-5。

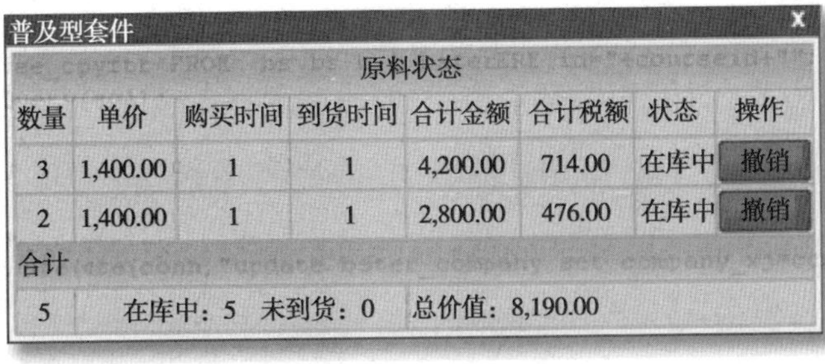

普及型套件

原料状态

数量	单价	购买时间	到货时间	合计金额	合计税额	状态	操作
3	1,400.00	1	1	4,200.00	714.00	在库中	撤销
2	1,400.00	1	1	2,800.00	476.00	在库中	撤销
合计							
5	在库中：5 未到货：0			总价值：8,190.00			

图 6-5 取消原料采购计划

三、生产制造计划

（一）厂房购置

在公司场景点击“制造部”，在弹出窗口处选择“决策内容-厂房购置”，如图 6-6，根据公司生产规模的需要以及现金状况，

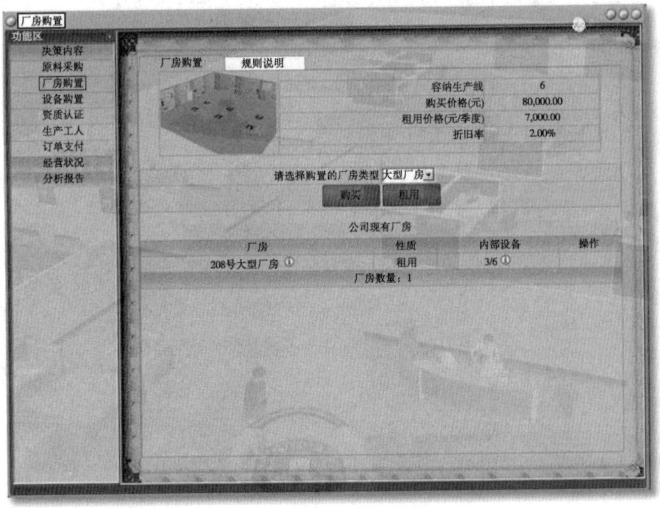

图 6-6 厂房购置

通过购买或租用的方式获取相应的厂房。

1. 在“厂房类型”下拉框内选择需要的厂房大小，再点击“购买”或“租用”按钮，完成对选择厂房的操作；

2. 购买或租用的厂房会在下面列表显示，鼠标移至厂房名称旁的“ⓘ”标志上，会显示出该厂房有关的详细信息；

3. “内部设备”栏显示的是该厂房内的设备最大安装能力与已经安装的设备数量，鼠标移至该栏相关信息旁的“ⓘ”标志上，可以看到该厂房内安装的生产设备详情。

（二）设备购置

在公司场景点击“制造部”，在弹出窗口出选择“决策内容-设备购置”，如图 6-7，根据公司生产规模的需要以及现金状况，购买所需要的生产设备。

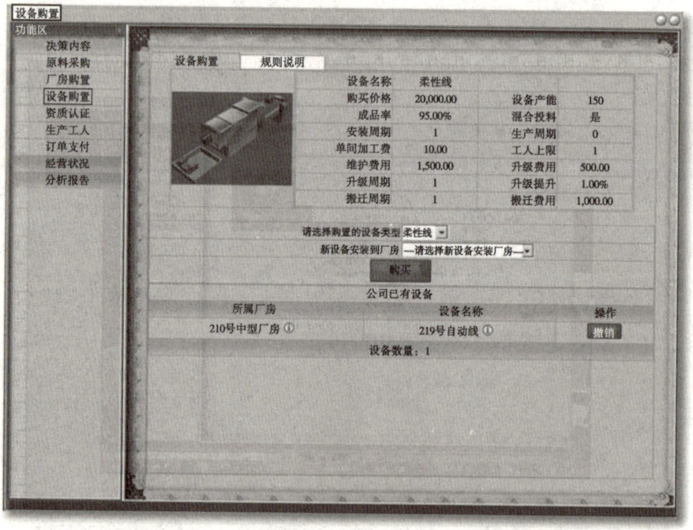

图 6-7　设备购置

1. 设备只能购买而不能租用，因此要购买设备首先确保公司有足够的现金；

2. 在“厂房类型”下拉框内选择需要购买的设备类型，上面会实时显示出该设备的主要参数资料；在“设备安装到厂房”选择该设备需要安装到哪个厂房里，点击“购买”按钮，完成对选择设备的购买；

3. 购买了设备以后，在下面能看到公司目前所有厂房以及厂房内安装的所有设备情况。对于刚采购的设备，如果没有设备在线上生产，可以点击该设备名称右边的“撤销”按钮取消购买决策。

(三) 资质认证

在公司场景点击“制造部”，在弹出窗口出选择“决策内容–资质认证”，如图 6–8，对公司确认要投资的认证体系投入认证费用。

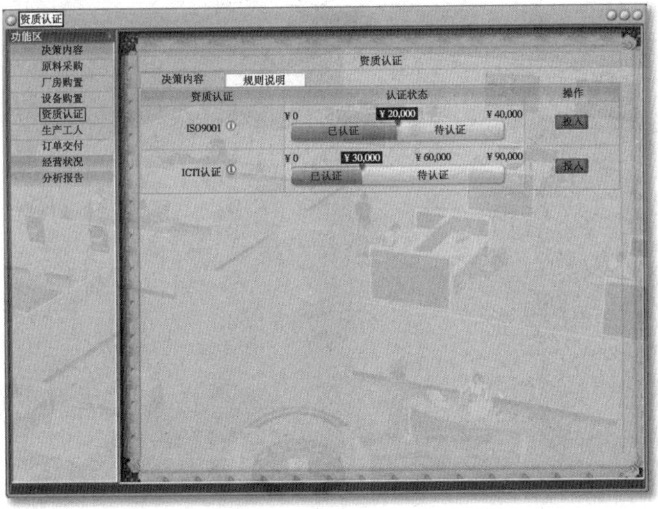

图 6–8 资质认证

1. 认证是对整个公司的生产资质进行的认证，而不是针对某一个产品品牌。在市场要求具体相应资质而公司没有时，将不允许进入该市场销售产品；

2. 点击认证名称右边相关的“投入”按钮，完成本季度对该认证的费用投入。各类认证所需要花费的时间周期及总费用不同，需要多个季度的投入才能完成获取资质；

3. 对当季度投入的认证费用，可以点击“操作栏”的“撤销”按钮取消当季投入。

（四）生产工人

在公司场景点击“制造部”，在弹出窗口中选择“决策内容-生产工人”，如图 6-9，对制造部门现有的所有生产工人进行管理。

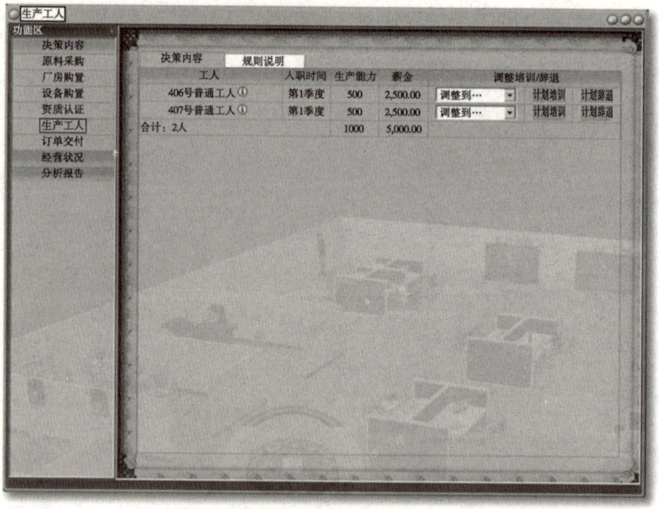

图 6-9　生产工人

1. 生产设备需要配备生产工人才能完成设备使用生产工作。生产工人的招聘由人力资源来完成，详见人力资源部相关操作；

2. 在这里可以看到生产制造部门的所有生产工人列表，鼠标移到工人名字旁的“ⓘ”标志上，可以看到该工人的简要介绍资料；

3. 在每一名工人的右边，可以针对该工人完成岗位调整(调整到其他生产设备上)、计划培训、计划辞退等操作；

4. 所有培训与辞退计划设置好后，会递交到人力资源部，由人力资源部来完成具体的培训或辞退工作。如果递交了计划但人力资源部还未确认，则可以撤销相应的申请。

(五) 生产计划

在公司场景点击“生产车间”，如图 6-10，在弹出窗口出可以看到所有的厂房情况及生产设备情况。

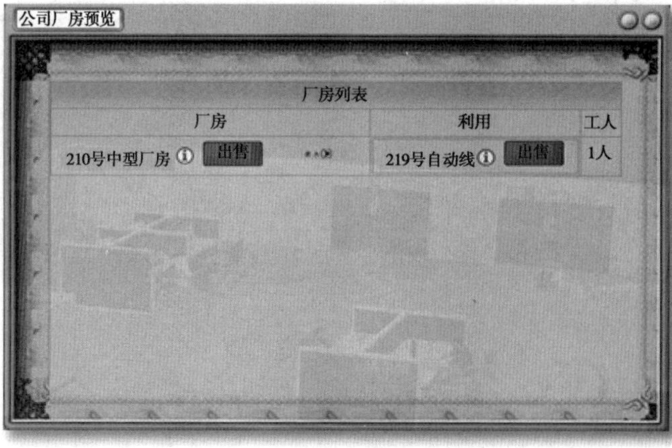

图 6-10 厂房列表

1.“厂房”栏显示了公司目前所有的厂房情况，同时标志出该厂房是购买的还是租用的。点击厂房名称旁的“出售”或“退租”按钮，可以出售或退租厂房；

2.“利用”栏显示了该厂房内装有几条生产设备，点击“出售”可以卖掉该设备。如果设备上还有产品在生产中，则设备不能马上出售，只是制订出售计划，到季度结束时产品下线后才能出售；

3. 在每一个厂房名称的右边有一个在闪动的“进入”标志，点击该标志可以进入到该厂房内部，如图 6-11，能看到厂房内的所有生产设备情况，并对所有生产设备编排本季度的主生产计划；

图 6-11　厂房内部生产设备情况

4. 如果要对某一条生产进行计划编排，则点击这个生产线，在弹出窗口中完成对该生产设备的生产计划编排，如图 6-12；

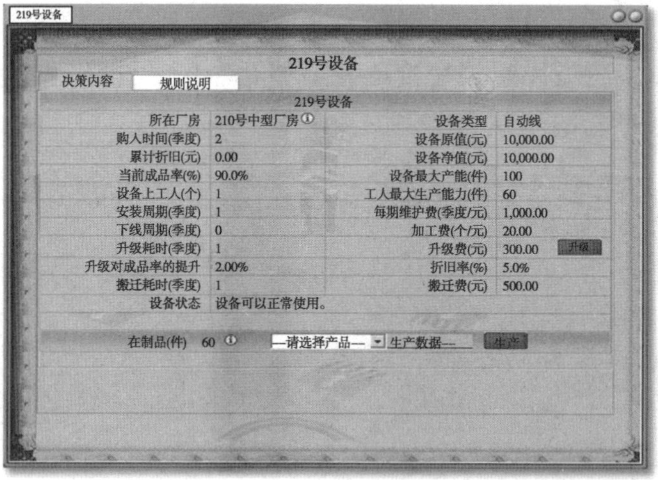

图 6-12　生产计划编排

5. 点击产品选择下拉框，选择需要生产的产品；在“生产数量”位置输入本季度需要生产的产品数量，点击“生产”可以开始产品的生产计划；

6. 成功生产后，“在制品”旁会显示计划生产的产品数量；

7. 点击数量旁的“ⓘ”标志，可以看到该生产设备当前已经安排的全部生产计划情况。包括每批次的计划产量、上线时间、下线时间等，如果想取消某一项计划，只需点击右边的“撤销”即可，如图 6-13。

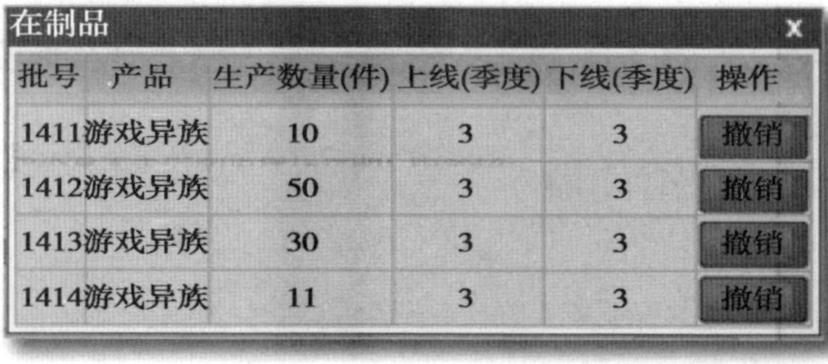
在制品

批号	产品	生产数量(件)	上线(季度)	下线(季度)	操作
1411	游戏异族	10	3	3	撤销
1412	游戏异族	50	3	3	撤销
1413	游戏异族	30	3	3	撤销
1414	游戏异族	11	3	3	撤销

图 6-13　计划生产的产品数量

（六）订单交付

当季度所有小组报完价，教师端开启产品配送后，便可到制造部去完成订单交付，如图 6-14。

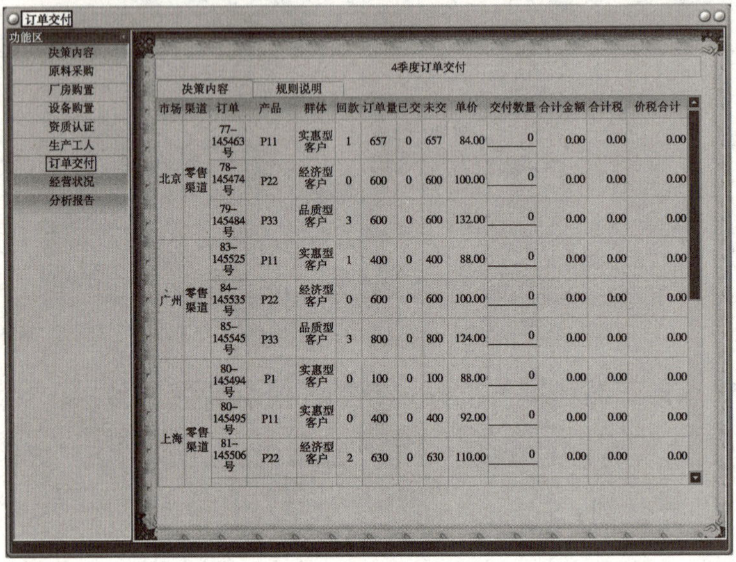

市场	渠道	订单	产品	群体	回款	订单量	已交	未交	单价	交付数量	合计金额	合计税	价税合计
北京	零售渠道	77-145463号	P11	实惠型客户	1	657	0	657	84.00	0	0.00	0.00	0.00
		78-145474号	P22	经济型客户	0	600	0	600	100.00	0	0.00	0.00	0.00
		79-145484号	P33	品质型客户	3	600	0	600	132.00	0	0.00	0.00	0.00
广州	零售渠道	83-145525号	P11	实惠型客户	1	400	0	400	88.00	0	0.00	0.00	0.00
		84-145535号	P22	经济型客户	0	600	0	600	100.00	0	0.00	0.00	0.00
		85-145545号	P33	品质型客户	3	800	0	800	124.00	0	0.00	0.00	0.00
上海	零售渠道	80-145494号	P1	实惠型客户	0	100	0	100	88.00	0	0.00	0.00	0.00
		80-145495号	P11	实惠型客户	0	400	0	400	92.00	0	0.00	0.00	0.00
		81-145506号	P22	经济型客户	2	630	0	630	110.00	0	0.00	0.00	0.00

图 6-14　订单交付

1. 在公司场景中点击“制造部”，弹出窗口中点击“决策内容-订单交货”；

2. 窗口中会列出所有市场上的中标订单情况，在窗口下面还会同时显示目前的所有库存产品情况。在“交付数量”栏输入每一类产品需要交付的数量，点击“发货”，完成所有订单的交货。

四、市场营销计划

（一）市场开发计划

在公司场景点击“市场部”，在弹出窗口中选择“决策内容-

市场开发”，如图 6-15，开发目标市场。

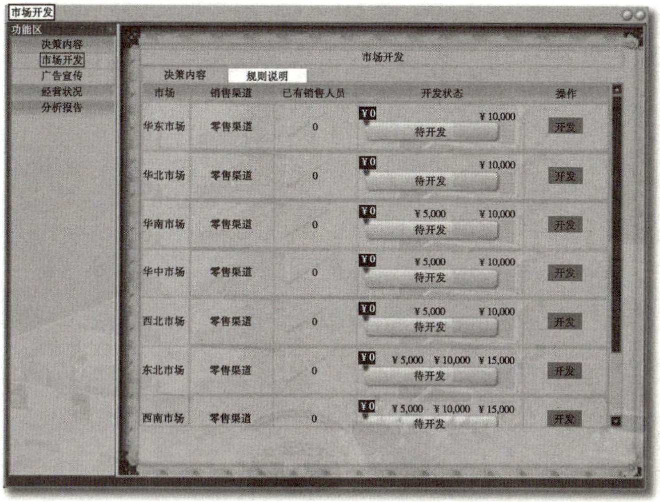

图 6-15 市场开发计划

1. 选择需要开发的市场，在“操作”栏点击“开发”按钮，完成本季度对该市场的开发投入。如果不需要投入，可以在本季度已投入的市场开发的“操作”栏点击“撤销”按钮；

2. 如果某个市场开发需要多个周期才能完成，在后面的经营中，还需要继续持续完成市场开发投入，直到完成该市场的开发工作，才可以在该市场进行产品销售。

（二）广告宣传计划

在公司场景点击“市场部”，在弹出窗口中选择“决策内容-广告宣传”，如图 6-16，确定当季度公司计划投入的广告费用。广告一经投放，不允许撤销。

1. 广告宣传是以产品品牌为单位投放的，公司可以针对每一个产品的竞争程度及期望值来设定相应的投放金额。“在本期投

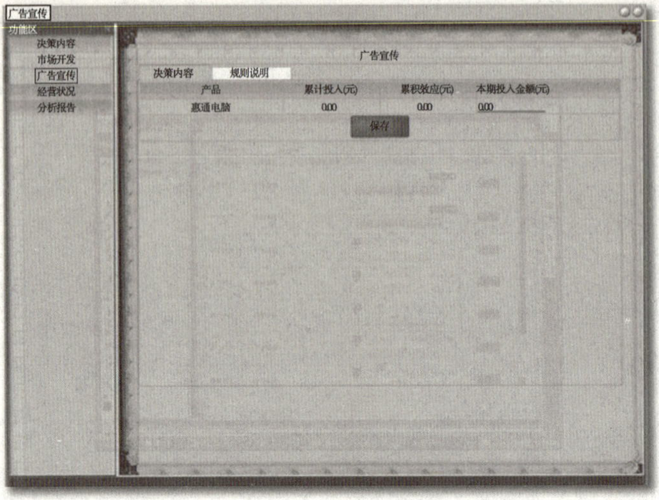

图 6-16　广告宣传计划

入金额”栏输入本季度需要投放的广告金额，点击“保存”；

2.“累计投入”显示的是公司累计在该品牌上的广告投放金额，“累计效应显示的是广告投放至今仍对消费者产生的影响力，这个效应会随着时间推移逐步减弱。

五、人力资源计划

（一）人员招聘

需要招聘的公司员工包括销售人员和生产工人两类，在人才市场上完成人员招聘。主场景中点击“交易市场”，进入后，点击“人才市场–招聘销售人员”。

选择需要招聘的销售人员的类型，并指定派往工作的市场区域，点击“招聘”，如图 6–17，将该销售人员招聘到相关区域市场。

图 6-17 招聘销售人员

在“交易市场”场景中，点击“人才市场-招聘生产工人”，选择工人类型及相应生产线，点击“招聘”，如图 6-18，将该生产工人招聘到公司并安排到相应生产线。

图 6-18 招聘生产工人

（二）签订合同

进入公司内部场景，点击“人力资源部”，在弹出窗口中选择“决策内容-签订合同”，如图 6-19，与公司管理层人员和招聘的人员签订劳动合同。

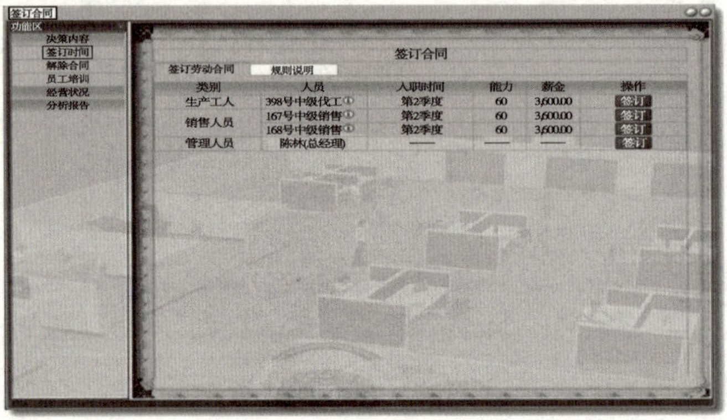

图 6-19　签订合同

公司所有员工在正式入职后都要签订劳动合同，办理养老保险。包括管理团队成员、招聘的销售人员、生产人员。在需要签订合同的人员名字右边点击“签订”，会出现合同提示，如图 6-20。

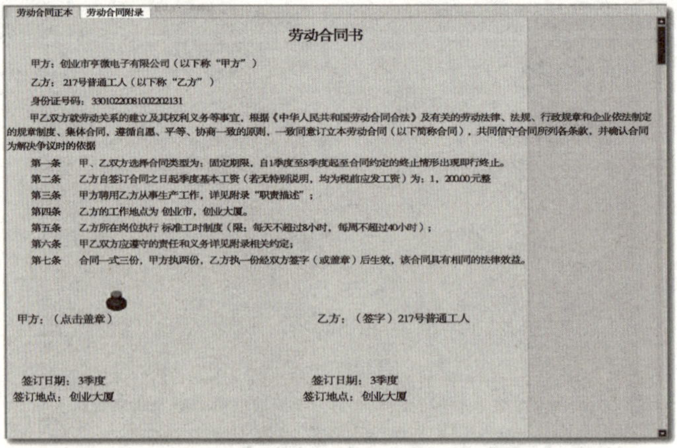

劳动合同正本　劳动合同附录

劳动合同书

甲方：创业市亨微电子有限公司（以下称“甲方”）

乙方：217号普通工人（以下称“乙方”）

身份证号码：330102200810022202131

甲乙双方就劳动关系的建立及其权利义务等事宜，根据《中华人民共和国劳动合同合法》及有关的劳动法律、法规、行政规章和企业依法制定的规章制度、集体合同，遵循自愿、平等、协商一致的原则，一致同意订立本劳动合同（以下简称合同），共同信守合同所列各条款，并确认合同为解决争议时的依据

第一条　甲、乙双方选择合同类型为：固定期限，自1季度至8季度起至合同约定的终止情形出现即行终止。

第二条　乙方自签订合同之日起季度基本工资（若无特别说明，均为税前应发工资）为：1，200.00元整

第三条　甲方聘用乙方从事生产工作，详见附录“职责描述”；

第四条　乙方的工作地点为 创业市，创业大厦。

第五条　乙方所在岗位执行 标准工时制度（限：每天不超过8小时，每周不超过40小时）；

第六条　甲乙双方应遵守的责任和义务详见附录相关约定；

第七条　合同一式三份，甲方执两份，乙方执一份经双方签字（或盖章）后生效，该合同具有相同的法律效益。

甲方：（点击盖章）　　乙方：（签字）217号普通工人

签订日期：3季度　　签订日期：3季度

签订地点：创业大厦　　签订地点：创业大厦

图 6-20　合同盖章

在甲方盖章处点击印章盖章。当出现公司合同专用章时，该合同即正式生效。

（三）解除合同

如果需要对不适用的员工解除劳动合同，首先需要由相关部门提供解聘申请，再在人力资源完成劳动合同解聘事项。

进入公司内部场景，点击“人力资源部”，在弹出窗口中选择“决策内容–解除合同”，如图 6–21，列表显示相关部门已提交辞退的人员清单，人力资源予以确认是否正式解除劳动合同并辞退。

图 6–21　解除合同

（四）人员培训

培训可以帮助员工培训技能，提升生产工人的生产效率，提升销售人员的销售能力。要对员工培训，首先需要由部门提出培训计划，再到人力资源部完成培训工作，如图 6–22。

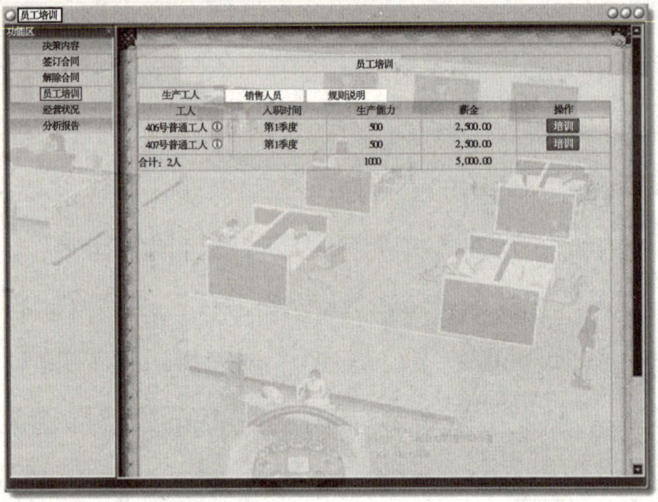

图 6-22　人员培训

1. 如要对销售人员培训，先到销售部，点击“决策内容-销售人员”，对相关的销售人员安排培训计划；

2. 如要对生产工人培训，先到制造部，点击“决策内容-生产工人”，对相关的生产工人安排培训计划；

3. 公司内部场景中点击“人力资源部”，在弹出窗口中选择“决策内容-员工培训”，点击人员名字右边的“培训”，对该员工开展技能培训；

4. 对当季安排的培训计划，点击“撤销”可以取消已制订的培训计划。

六、产品销售计划

（一）销售人员

进入公司内部场景，点击“销售部”，在弹出窗口中选择“决策内容-销售人员”，对销售部门的所有销售人员进行工作安排，如图 6-23。

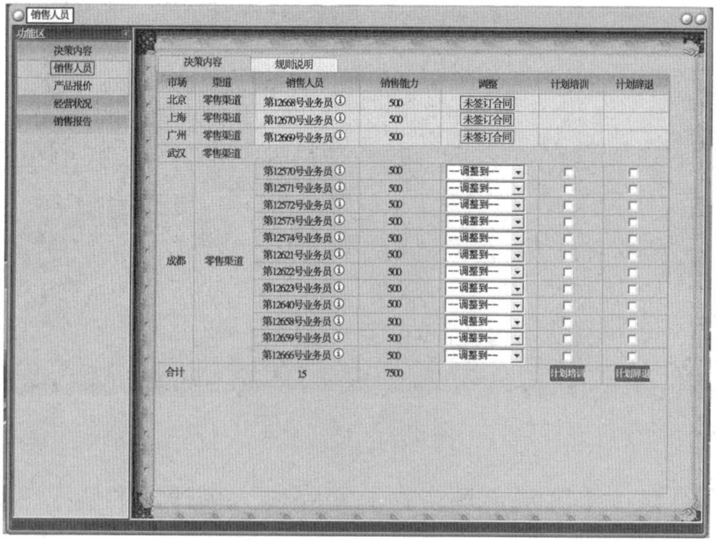

图 6-23 销售人员

对销售人员的安排主要包括管辖区域调整、培训计划、以及辞退计划。其中，管辖区域调整直接由销售部在这里就可以完成，对相关销售人员的培训计划和辞退计划，需要由销售部门负责提出，再由人力资源审核，同意后人力资源部解除与该员工的劳动合同关系，则该员工从下一季度开始将正式辞退，本季度仍将继续工作。

（二）产品报价

进入公司内部场景，点击“销售部”，在弹出窗口中选择“决策内容-产品报价”，如图 6-24，填写各产品的市场报价以及期望的最大订货数量。

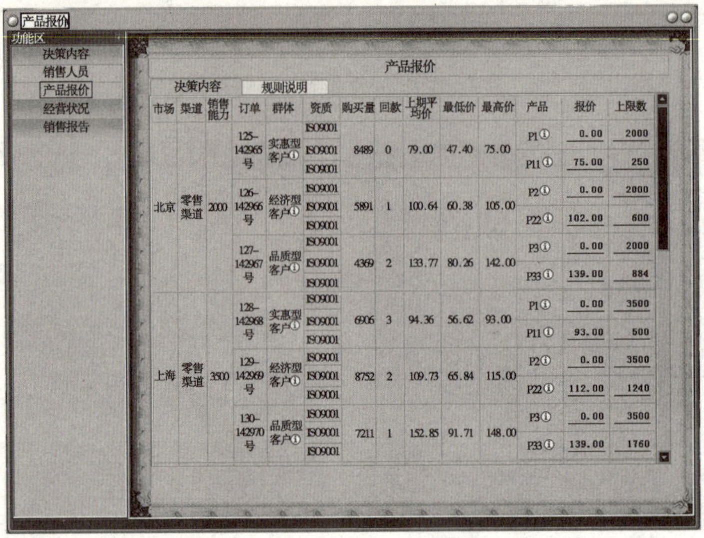

市场	渠道	销售能力	订单	群体	资质	购买量	回款	上期平均价	最低价	最高价	产品	报价	上限数
北京	零售渠道	2000	125-142965号	实惠型客户	ISO9001 ISO9001 ISO9001	8489	0	79.00	47.40	75.00	P1	0.00	2000
											P11	75.00	250
			126-142966号	经济型客户	ISO9001 ISO9001 ISO9001	5891	1	100.64	60.38	105.00	P2	0.00	2000
											P22	102.00	600
			127-142967号	品质型客户	ISO9001 ISO9001 ISO9001	4369	2	133.77	80.26	142.00	P3	0.00	2000
											P33	139.00	884
上海	零售渠道	3500	128-142968号	实惠型客户	ISO9001 ISO9001 ISO9001	6906	3	94.36	56.62	93.00	P1	0.00	3500
											P11	93.00	500
			129-142969号	经济型客户	ISO9001 ISO9001 ISO9001	8752	2	109.73	65.84	115.00	P2	0.00	3500
											P22	112.00	1240
			130-142970号	品质型客户	ISO9001 ISO9001 ISO9001	7211	1	152.85	91.71	148.00	P3	0.00	3500
											P33	139.00	1760

图 6-24　产品报价

1. 对每一个区域市场，在公司完成市场开发的情况下可以进入该市场销售，最右边的“报价”栏和“上限数”可以设定，否则不允许参与报价销售；

2.“报价”栏的金额指的是产品销售单价，不能超过产品在该市场的最高限价；

3.“上限数”栏的数字表示在该市场上该产品最多只期望拿到多少订货量，以防止拿到过多订货量而产能不足导致的违约罚金；

4. 全部报价及上限数填写好后，点击“保存”提交产品销售报价。

七、财务管理计划

（一）现金预算

进入公司内部场景，点击“财务部”，在弹出窗口中选择“决策内容-财务预算”，根据公司本季度的整体规划及各部门的经营计划，制订公司本季度的财务现金预算表。

（二）银行借款

进入主场景，点击“创业银行”，进入创业银行后，点击“信贷业务”窗口，如图 6-25，在弹出窗口中完成借款决策任务。当季借款的金额不能超过本期授信额度，累计借款的金额不能超过总的授信额度。

图 6-25　银行借款

第七章 《创业之星》查询分析功能操作

一、研发部门数据查询分析

（一）查看经营状况

在公司场景中点击“研发部”，在弹出窗口中选择“经营状况”，如图 7-1，可以查看到公司已设计的所有产品的配置情况，以及该产品的研发进度情况。

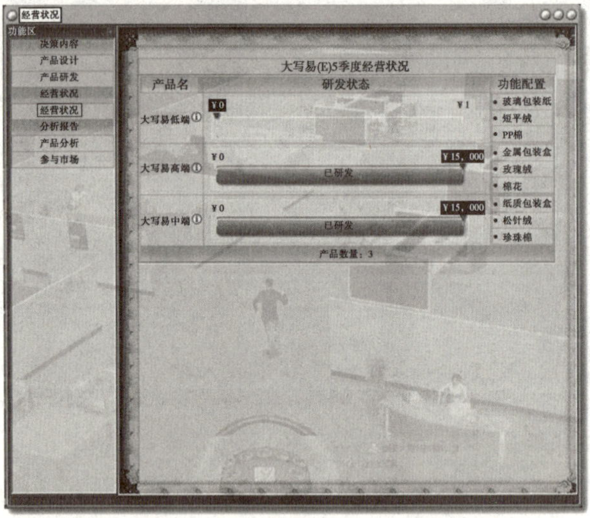

图 7-1 研发部查看经营状况

（二）查看分析报告

1. 产品分析

选择“分析报告-产品分析”，如图 7-2，在上面的产品品牌类别选择需要对比查看的产品，下面会将选中的产品品牌对比列出各产品的原料构成情况。

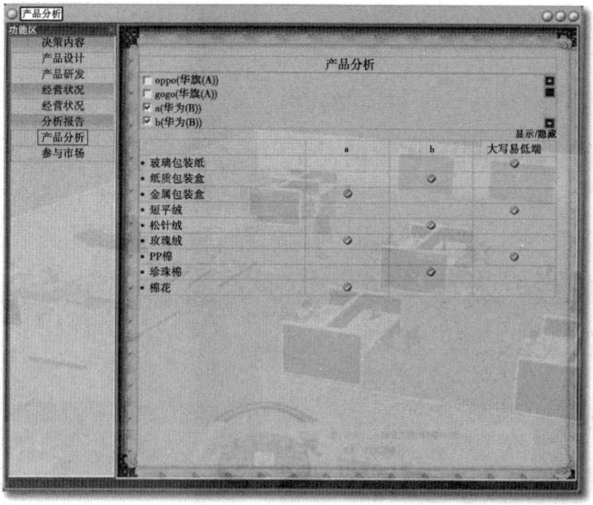

图 7-2 产品分析

2. 参与市场

选择“分析报告-参与市场”，如图 7-3，选择要查看的季度及市场，可以查看到该季度在选中市场上所有公司销售的产品品牌。

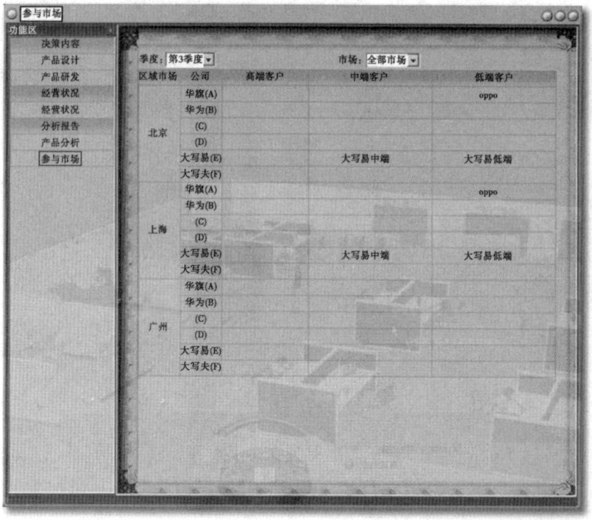

图 7-3 参与市场

二、市场部门数据查询分析

(一) 查看经营状况

在公司场景中点击“市场部”，在弹出窗口中选择“经营状况”，如图 7-4，可以查看到公司在各个区域市场的开发进度及完成情况。

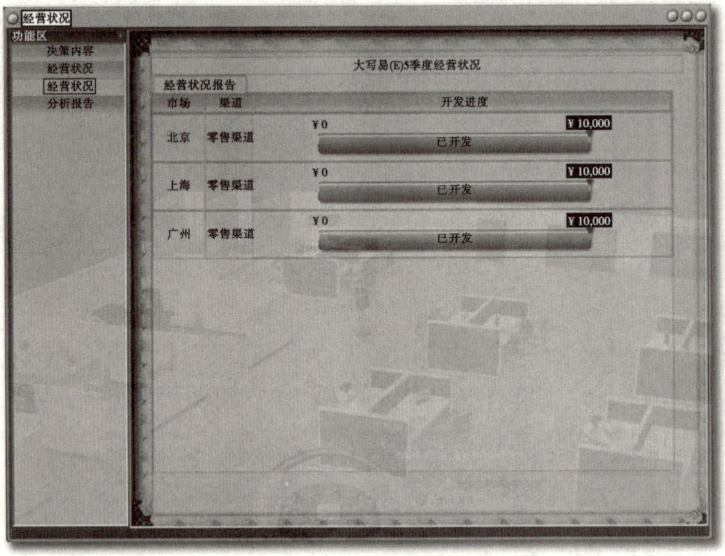

图 7-4　市场部查看经营状况

(二) 查看分析报告

1. 产品评价

选择“分析报告-产品评价”，如图 7-5，选择要查看的季度、市场、渠道、消费群体，可以查看到各区域市场各消费群体对公司产品的评价分数。

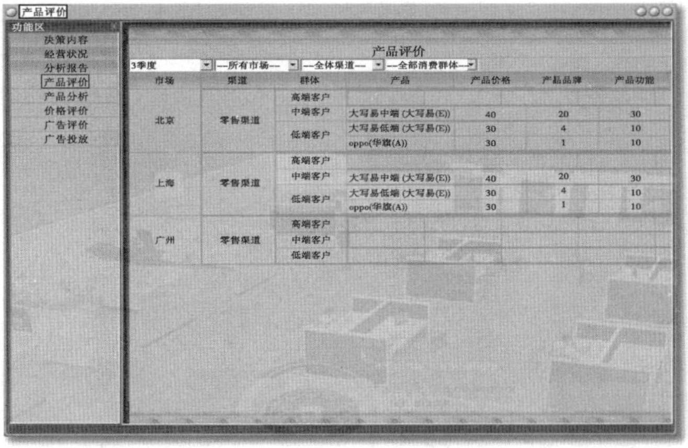

图 7-5　产品评价

2. 产品分析

选择“分析报告-产品分析”，如图 7-6，选择要查看的产品品牌，可以查看到不同产品品牌的原料构成对比资料。

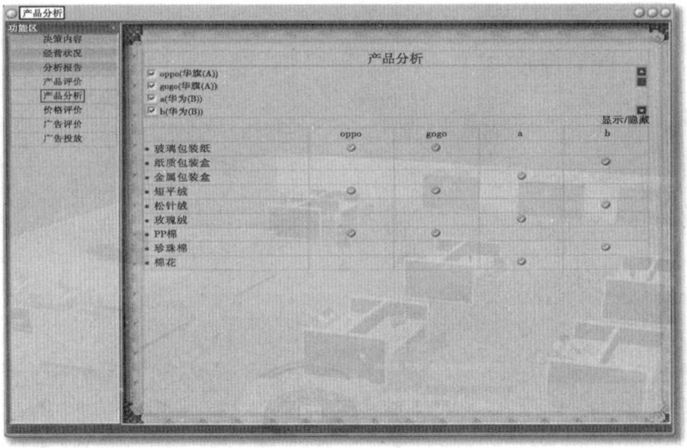

图 7-6　产品分析

3. 价格评价

选择“分析报告-价格评价”，如图 7-7，选择要查看的产品品牌及季度，可以查看到不同产品品牌在市场上报价的消费者评价分数。

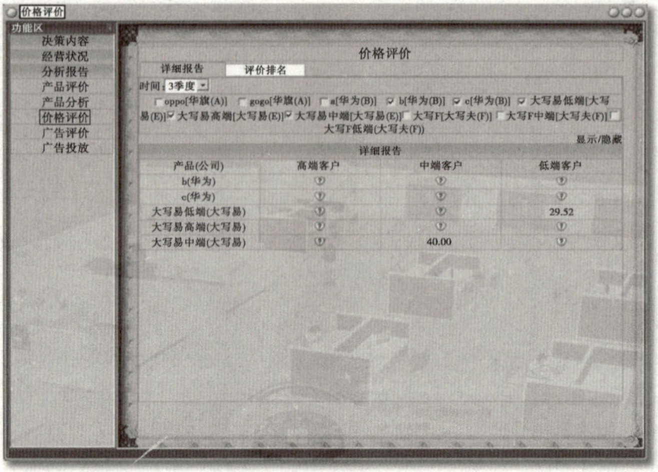

图 7-7　价格评价

选择“评价排名”页面，如图 7-8，设定要查看的季度及消费群体类别，查看所有品牌的分数排名。

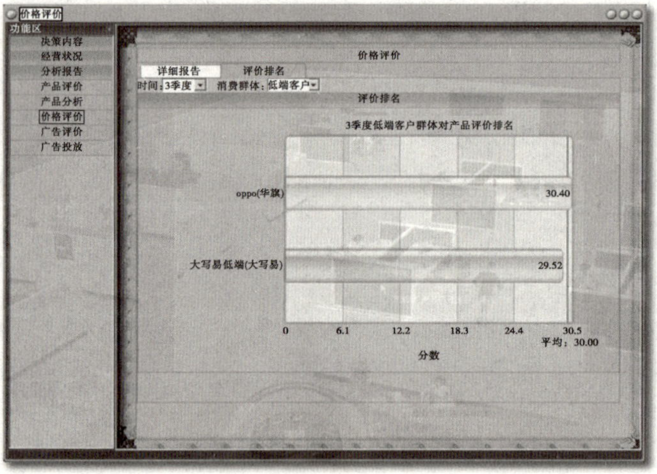

图 7-8　价格评价排名

4. 广告评价

选择“分析报告-广告评价”，如图 7-9，选择要查看的产品品牌及季度，可以查看到不同产品品牌在市场上广告投放的消费者评价分数。

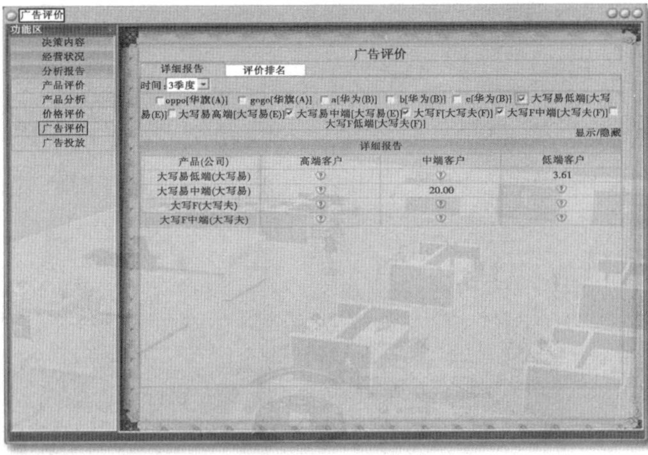

图 7-9 广告评价

5. 广告投放

选择“分析报告-广告投放”，如图 7-10，选择要查看的产品品牌，可以查看到消费者对不同产品品牌在市场上投放广告的评价分数。

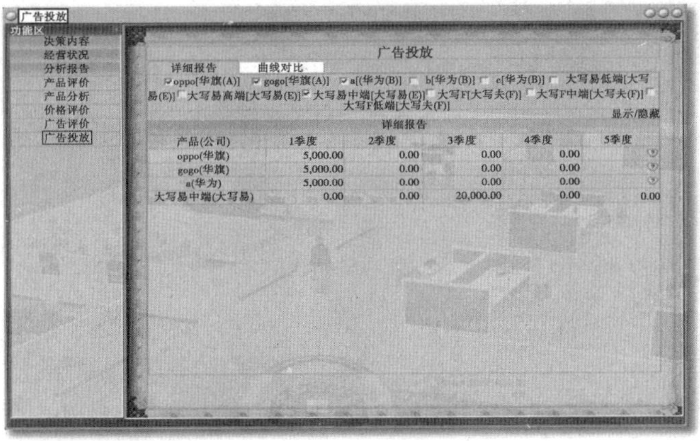

图 7-10 广告投放

三、销售部门数据查询分析

(一) 查看经营状况

1. 销售状况

在公司场景中点击“销售部”，在弹出窗口中选择“经营状况-销售状况”，如图 7-11，并选择要查看的季度数，可以查看到公司各产品在市场上的销售情况。

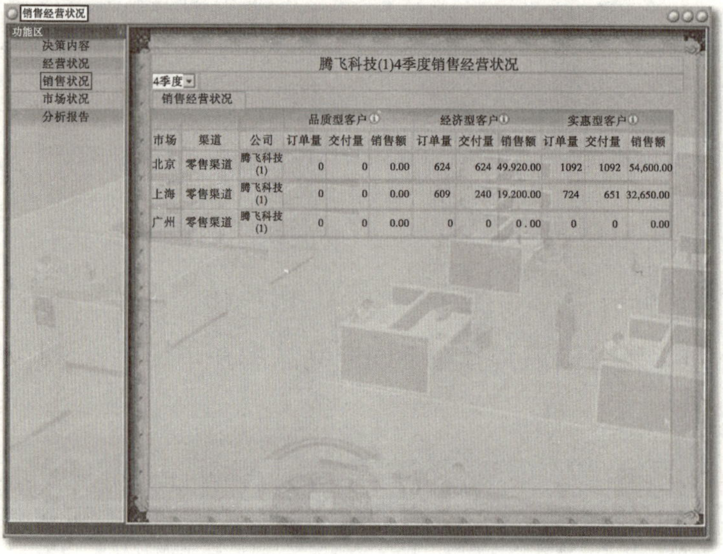

			品质型客户			经济型客户			实惠型客户		
市场	渠道	公司	订单量	交付量	销售额	订单量	交付量	销售额	订单量	交付量	销售额
北京	零售渠道	腾飞科技(1)	0	0	0.00	624	624	49.920.00	1092	1092	54,600.00
上海	零售渠道	腾飞科技(1)	0	0	0.00	609	240	19.200.00	724	651	32,650.00
广州	零售渠道	腾飞科技(1)	0	0	0.00	0	0	0.00	0	0	0.00

图 7-11 销售状况

2. 市场状况

在公司场景中点击“销售部”，在弹出窗口中选择“经营状况-市场状况”，如图 7-12，可以查看到公司在各个市场上的销售能力分布情况。

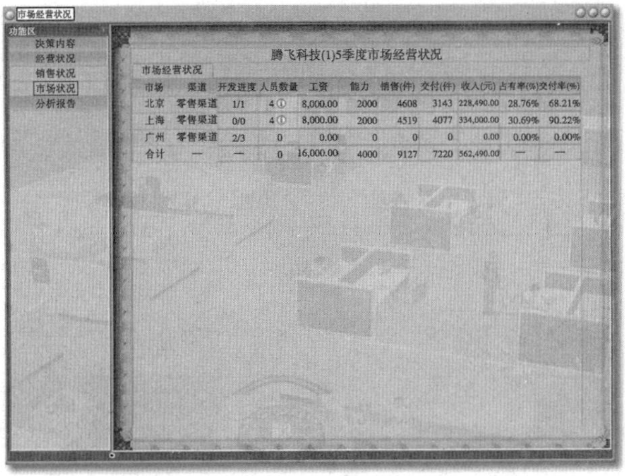

图 7-12 市场状况

(二) 查看分析报告

1. 市场分布

在公司场景中点击“销售部”，在弹出窗口中选择“分析报告-市场分布”，如图 7-13，选择相关经营期间，可以查看公司在指定季度期内的各细分市场的占有率情况。

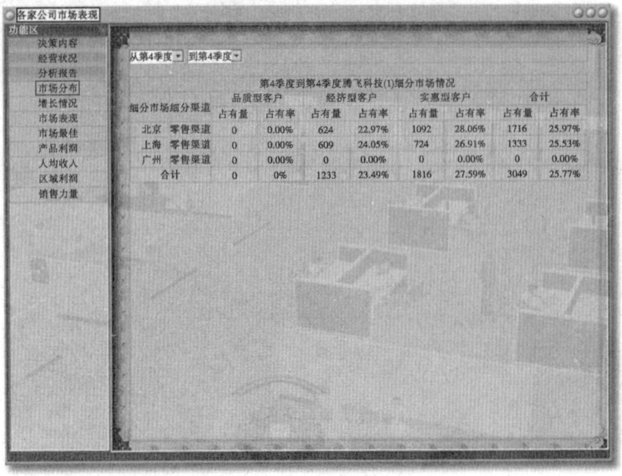

图 7-13 市场分布

2. 增长情况

在公司场景中点击“销售部”，在弹出窗口中选择“分析报告-增长情况”，如图 7-14，图 7-15，图 7-16，选择要查看的经营期间，可以查看到公司在指定季度期间内的各细分市场的占有率情况。

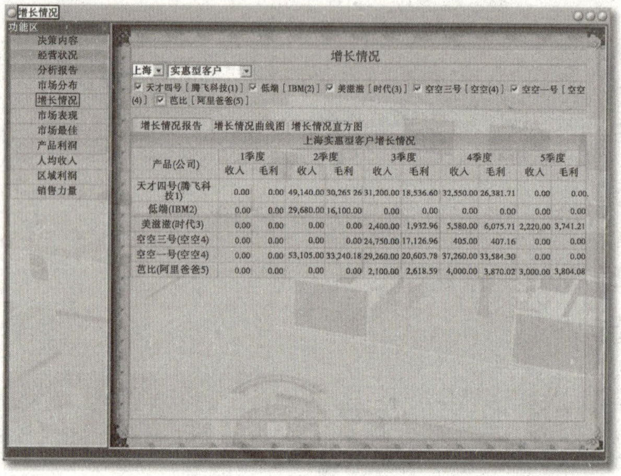

图 7-14 增长情况报告

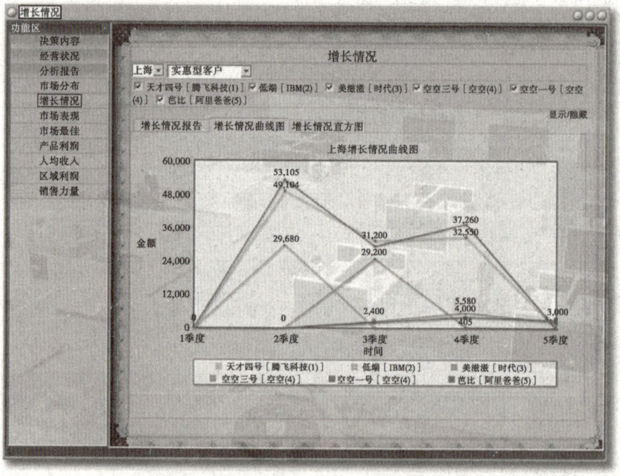

图 7-15 增长情况曲线图

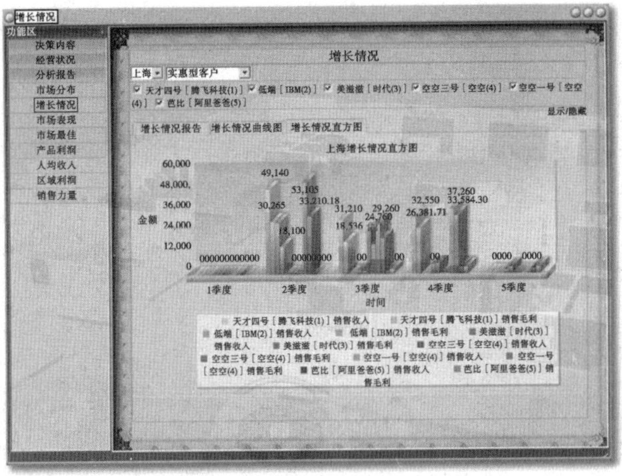

图 7-16 增长情况直方图

3. 市场表现

在公司场景中点击“销售部”，在弹出窗口中选择“分析报告-市场表现”，如图 7-17，图 7-18，选择要查看的经营期间、市场区域、销售渠道、消费者类别等，可以查看到公司各产品在相关市场的占有率情况。

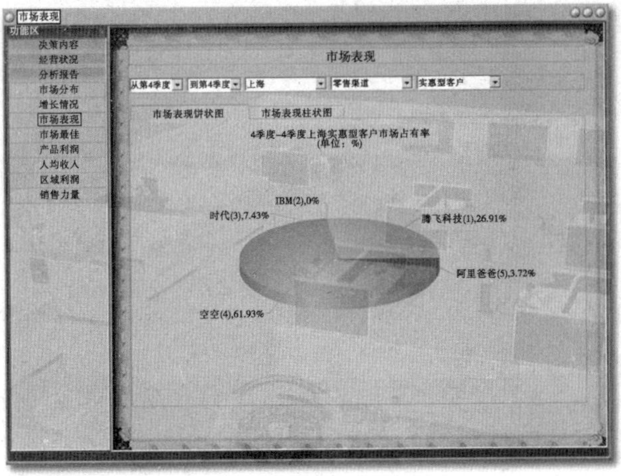

图 7-17 市场表现饼状图

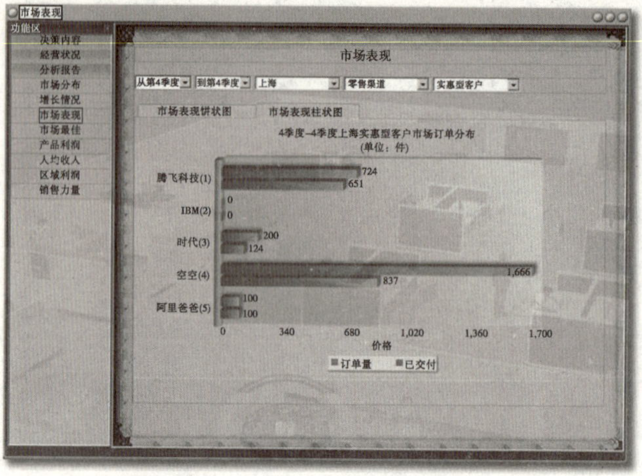

图 7-18　市场表现柱状图

4. 市场最佳

在公司场景中点击“销售部”，在弹出窗口中选择“分析报告-市场最佳”，如图 7-19，选择要查看的经营期间，可以查看到在指定季度期间内的各细分市场表现最好的公司情况。

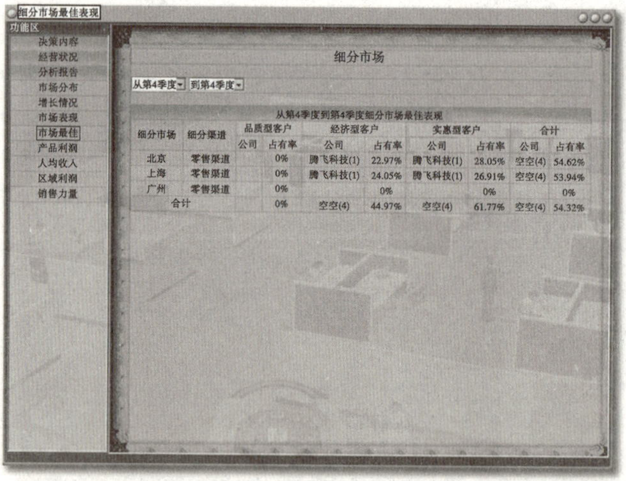

图 7-19　市场最佳

5. 产品利润

在公司场景中点击“销售部”，在弹出窗口中选择“分析报告-产品利润”，如图7-20，图7-21，选择要查看的季度，选择要对比分析的产品品牌，可以查看到不同产品的盈利能力对比。

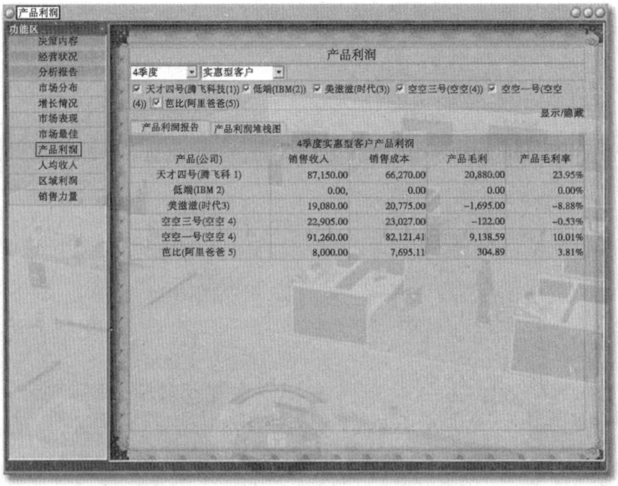

图7-20 产品利润报告

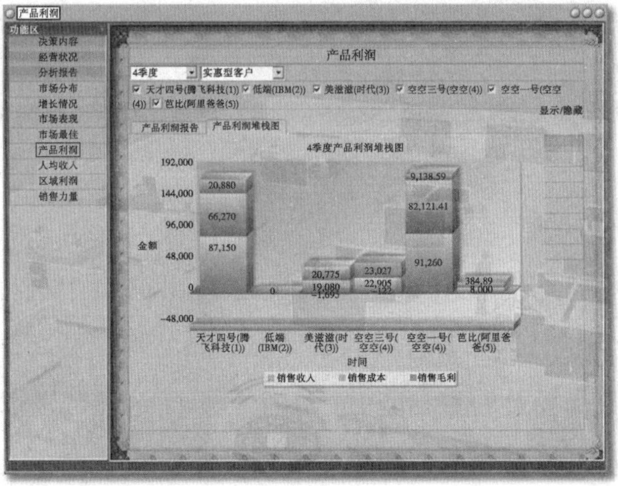

图7-21 产品利润堆栈图

6. 人均收入

在公司场景中点击“销售部”，在弹出窗口中选择“分析报告-人均收入”，如图 7-22，选择要查看的经营期间，选择要对比分析的产品品牌，可以查看到产品在不同市场上的人均销售情况。

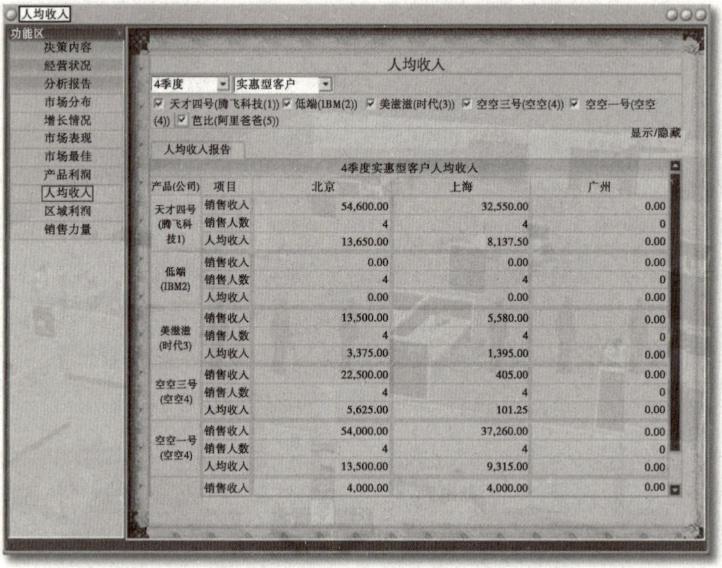

图 7-22　人均收入

7. 区域利润

在公司场景中点击“销售部”，在弹出窗口中选择“分析报告-区域利润”，选择要查看的季度和产品品牌，可以查看到产品在不同区域市场上的盈利能力。两个子页面选择分别以表格和图形方式显示具体的表现，如图 7-23，图 7-24。

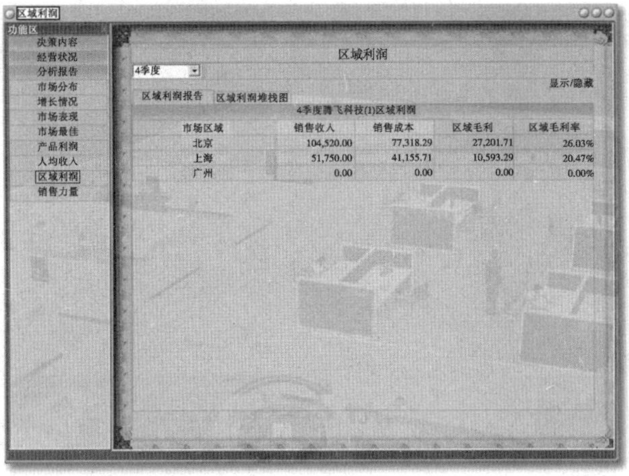

图 7-23 区域利润报告

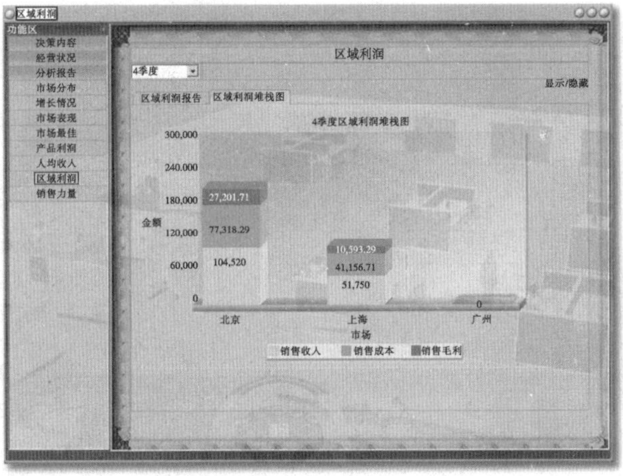

图 7-24 区域利润堆栈图

8. 销售力量

在公司场景中点击“销售部”，在弹出窗口中选择“分析报告-销售力量”，如图 7-25，图 7-26，选择要查看的季度，可以查看到所有区域市场上销售人员的配置情况及销售能力的分布情况。

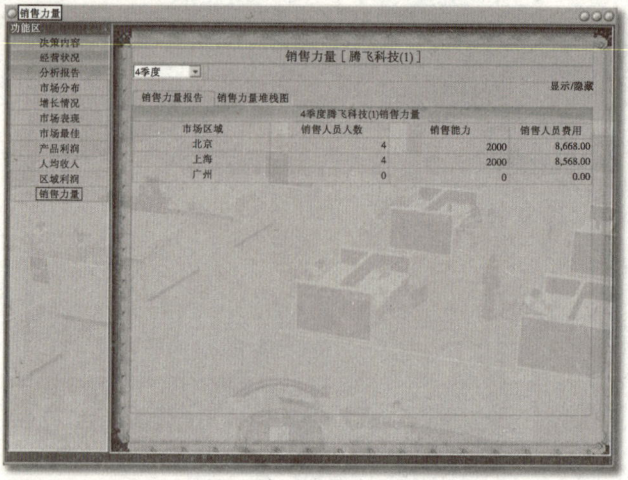

图 7-25 销售力量报告

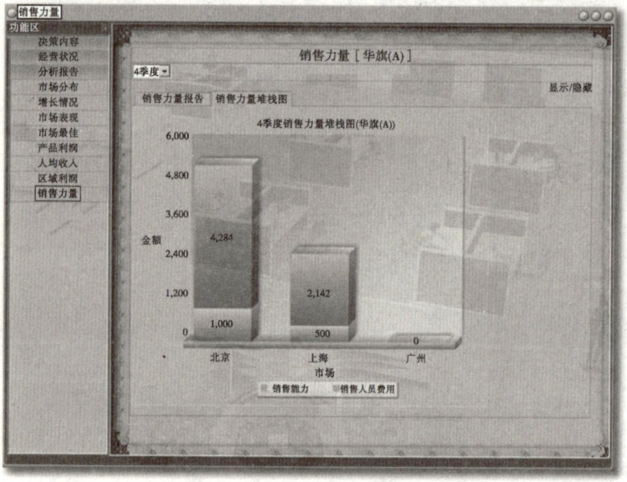

图 7-26 销售力量堆栈图

四、制造部门数据查询分析

(一) 查看经营状况

在公司场景中点击“制造部”，在弹出窗口中选择“经营状况”，如图 7-27，可以查看到公司生产制造部门的厂房、设备、工人等分布信息。

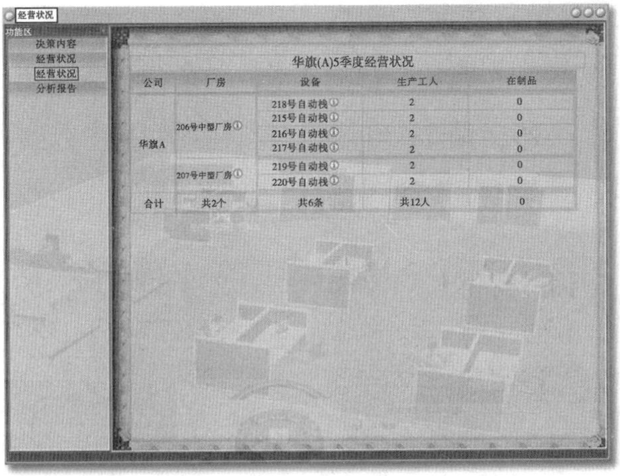

图 7-27　制造部查看经营状况

（二）查看分析报告

在公司场景中点击“制造部”，在弹出窗口中选择“分析报告-资质认证”，如图 7-28，可以查看到公司在各项认证方面的投入及完成情况。

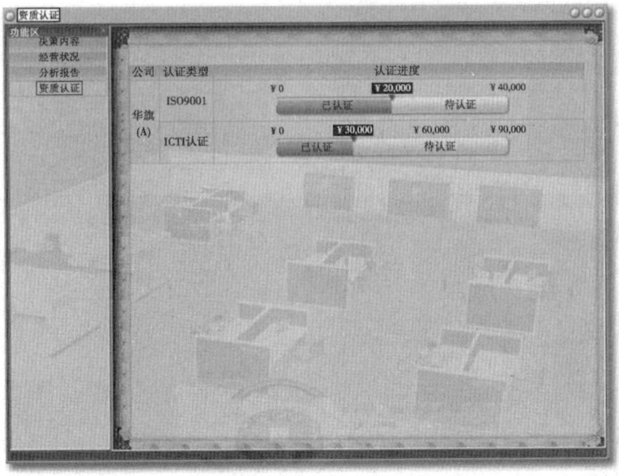

图 7-28　资质认证

五、人力资源部门数据查询分析

（一）查看经营状况

在公司场景中点击“人力资源部”，在弹出窗口中选择“经营状况”，如图 7-29，图 7-30，图 7-31，可以查看到人力资源部门相关信息。

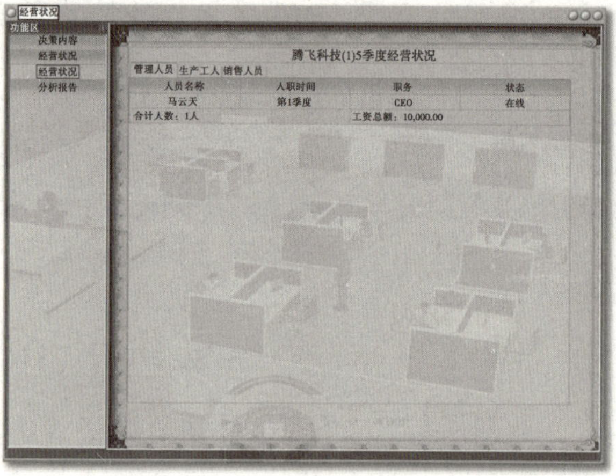

图 7-29　人力资源部查看经营状况-管理人员

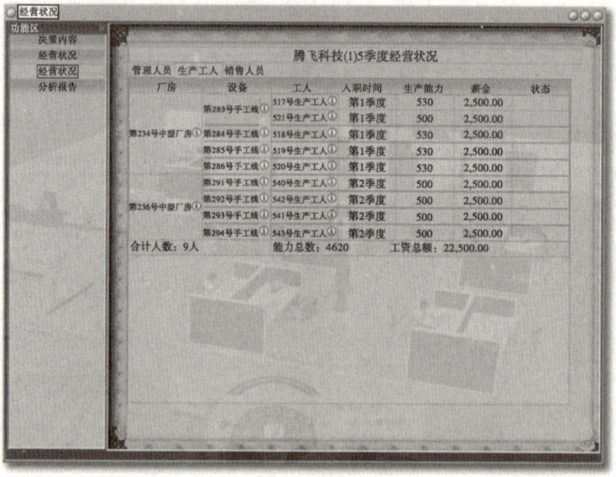

图 7-30　人力资源部查看经营状况-生产工人

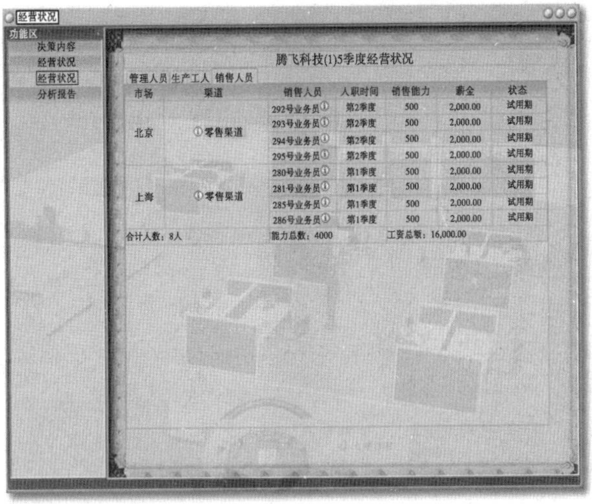

图 7-31 人力资源部查看经营状况-销售人员

(二) 查看分析报告

1. 人员分析

在公司场景中点击“人力资源部”，在弹出窗口中选择“分析报告-人员分析”，如图 7-32，图 7-33，可以查看到人力资源部所有人员的分布情况。

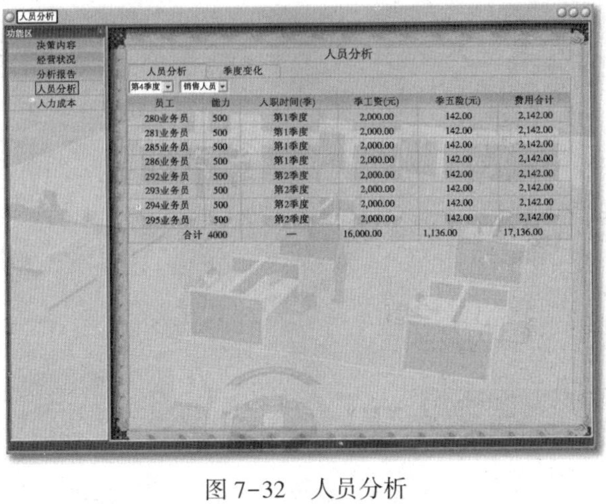

图 7-32 人员分析

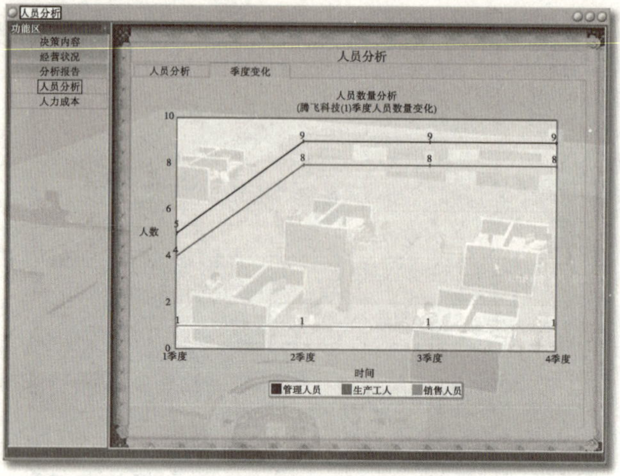

图 7-33　人员分析-季度变化

2. 人力成本

在公司场景中点击“人力资源部”，在弹出窗口中选择“分析报告-人力成本”，如图 7-34，图 7-35，可以查看到人力资源部所有人员的人力成本支出分布情况。

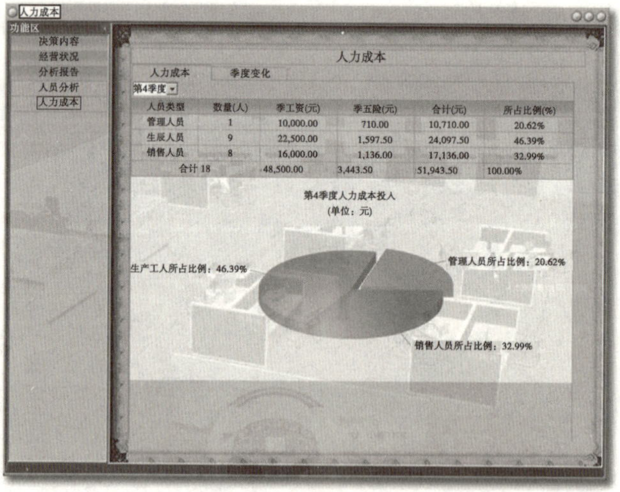

图 7-34　人力成本

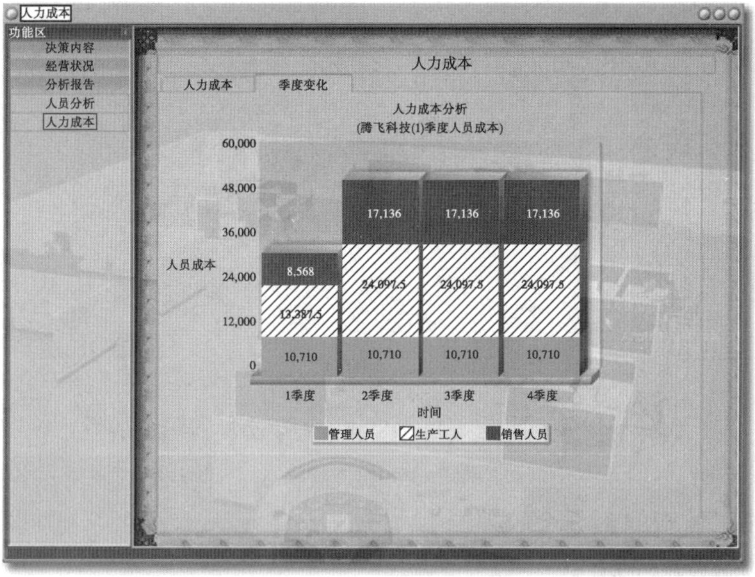

图 7-35 人力成本—季度变化

六、财务部门数据查询分析

查看经营状况

在公司场景中点击“财务部”，在弹出窗口中选择“经营状况”，可以查看到财务部门相关信息。

七、总经理数据查询分析

(一) 管理驾驶舱

在公司场景中点击“总经理”，在弹出窗口中选择“管理驾驶舱-财务管理”，如图 7-36，可以查看到公司关键财务绩效指标的数据及行业平均值。

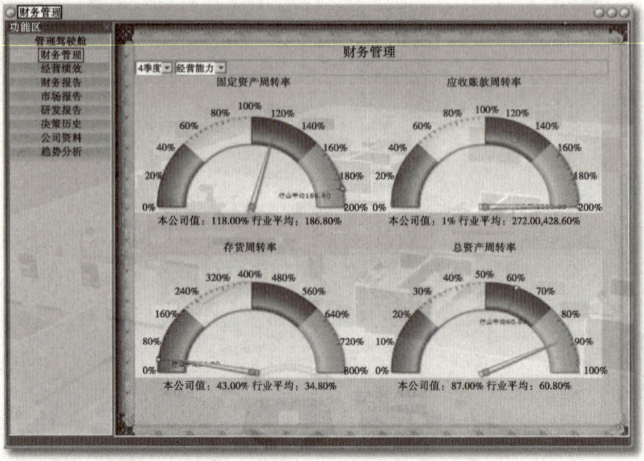

图 7-36 财务管理

（二）查看经营绩效

1. 综合评价

在公司场景中点击“总经理”，在弹出窗口中选择“经营绩效-综合评价”，如图 7-37，图 7-38，可以查看到公司总体经营绩效评价分数与排名情况。

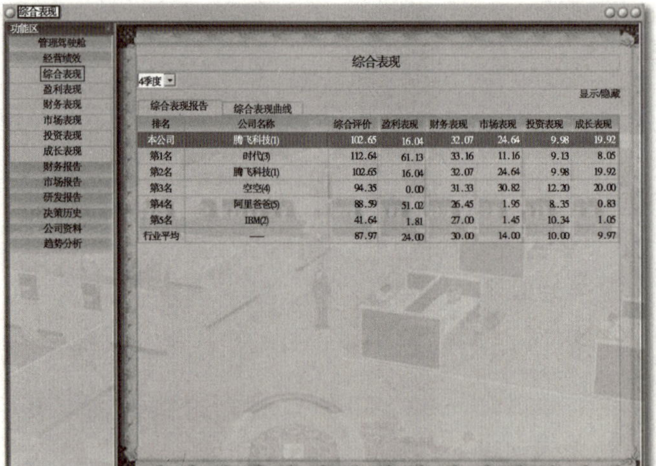

排名	公司名称	综合评价	盈利表现	财务表现	市场表现	投资表现	成长表现
本公司	腾飞科技(1)	102.65	16.04	32.07	24.64	9.98	19.92
第1名	时代(3)	112.64	61.13	33.16	11.16	9.13	8.05
第2名	腾飞科技(1)	102.65	16.04	32.07	24.64	9.98	19.92
第3名	空空(4)	94.35	0.00	31.33	30.82	12.20	20.00
第4名	阿里爸爸(5)	88.59	51.02	26.45	1.95	8..35	0.83
第5名	IBM(2)	41.64	1.81	27.00	1.45	10.34	1.05
行业平均	—	87.97	24.00	30.00	14.00	10.00	9.97

图 7-37 综合表现报告

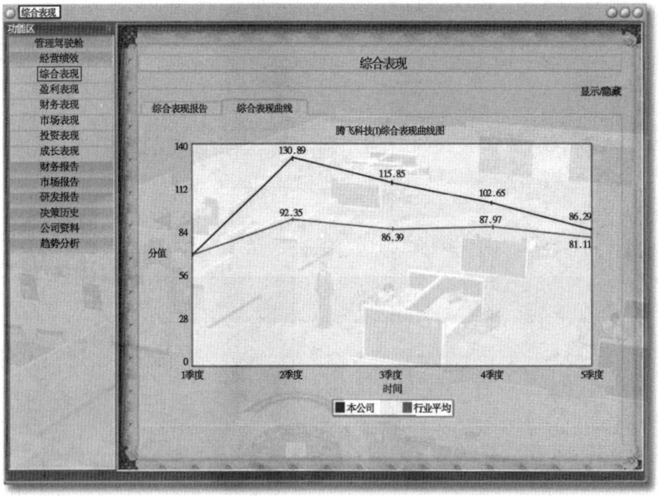

图 7-38 综合表现曲线

2. 盈利表现

在公司场景中点击“总经理”，在弹出窗口中选择“经营绩效-盈利表现”，如图 7-39，图 7-40，可以查看综合评价分数其中的盈利表现分数情况。

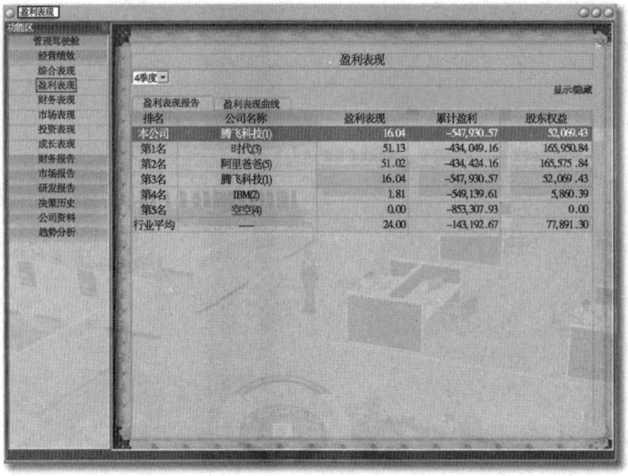

图 7-39 盈利表现报告

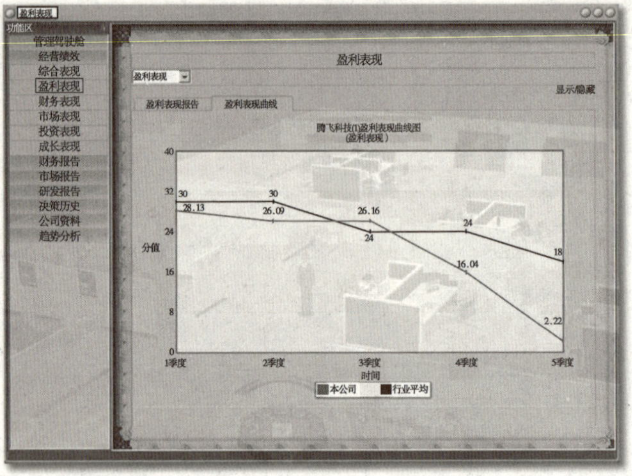

图 7-40　盈利表现曲线

3. 财务表现

在公司场景中点击“总经理”，在弹出窗口中选择“经营绩效-财务管理”，如图 7-41，图 7-42，可以查看综合评价分数其中的财务表现分数情况。

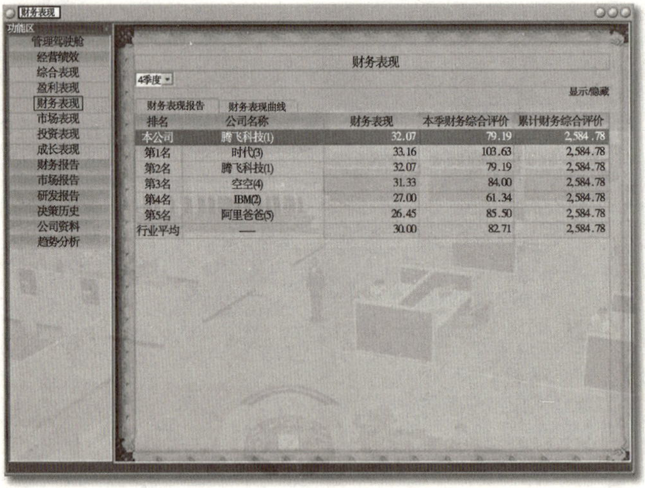

排名	公司名称	财务表现	本季财务综合评价	累计财务综合评价
本公司	腾飞科技(1)	32.07	79.19	2,584.78
第1名	时代(3)	33.16	103.63	2,584.78
第2名	腾飞科技(1)	32.07	79.19	2,584.78
第3名	空空(4)	31.33	84.00	2,584.78
第4名	IBM(2)	27.00	61.34	2,584.78
第5名	阿里爸爸(5)	26.45	85.50	2,584.78
行业平均	—	30.00	82.71	2,584.78

图 7-41　财务表现报告

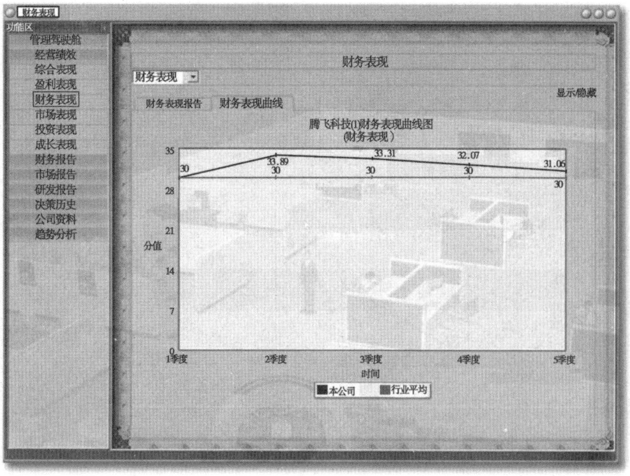

图 7-42 财务表现曲线

4. 市场表现

在公司场景中点击“总经理”，在弹出窗口中选择“经营绩效-市场管理”，如图 7-43，图 7-44，可以查看综合评价分数其中的市场表现分数情况。

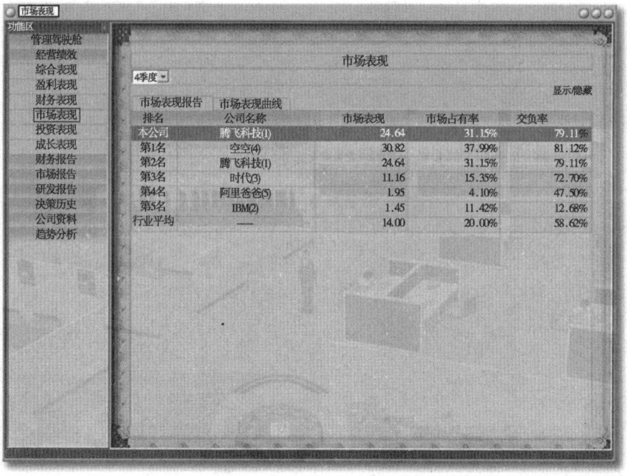

图 7-43 市场表现报告

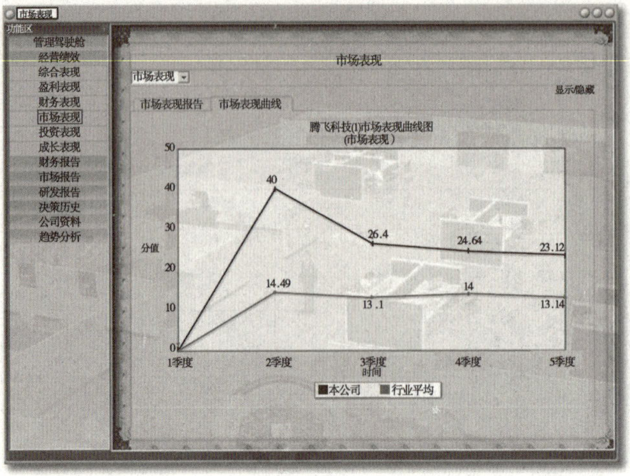

图 7-44　市场表现曲线

5. 投资表现

在公司场景中点击“总经理”，在弹出窗口中选择“经营绩效-投资管理”，如图 7-45，图 7-46，可以查看综合评价分数其中的投资表现分数情况。

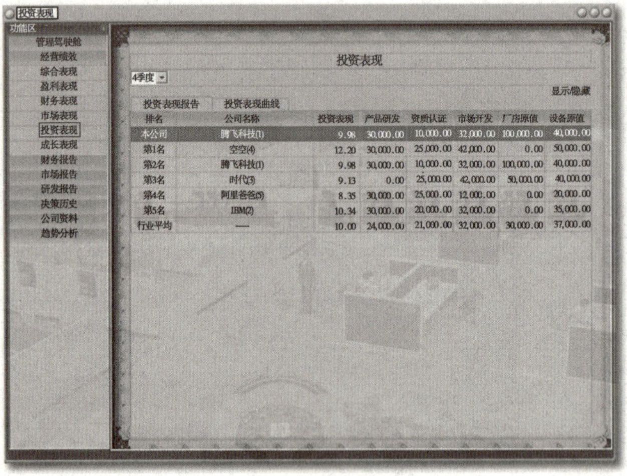

图 7-45　投资表现报告

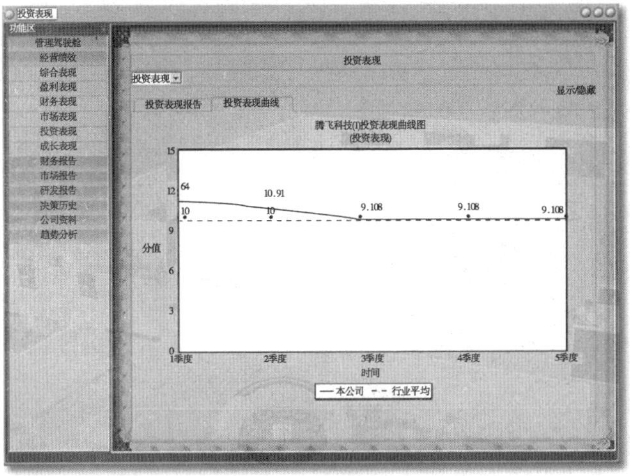

图 7-46　投资表现曲线

6. 成长表现

在公司场景中点击“总经理”，在弹出窗口中选择“经营绩效-成长管理”，如图 7-47，图 7-48，可以查看综合评价分数其中的成长表现分数情况。

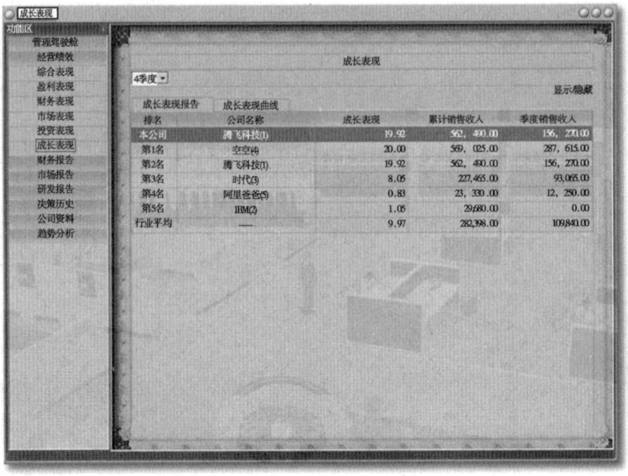

排名	公司名称	成长表现	累计销售收入	季度销售收入
本公司	腾飞科技(1)	19.92	562, 490.00	156, 270.00
第1名	空空(4)	20.00	569, 025.00	287, 615.00
第2名	腾飞科技(1)	19.92	562, 490.00	156, 270.00
第3名	时代(3)	8.05	227,465.00	93,065.00
第4名	阿里爸爸(5)	0.83	23, 330.00	12, 250.00
第5名	IBM(2)	1.05	29,680.00	0.00
行业平均	—	9.97	282,398.00	109,840.00

图 7-47　成长表现报告

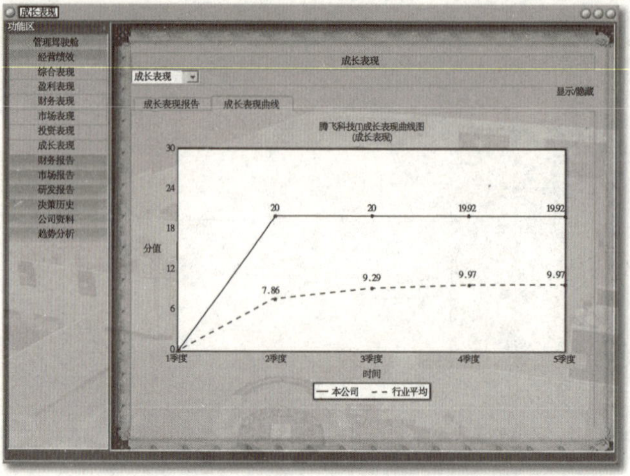

图 7-48　成长表现曲线

(三) 查看财务报告

1. 财务报表

在公司场景中点击“总经理”，在弹出窗口中选择“财务报告-财务报表”，如图 7-49，可以查看任一季度的三张财务报表。

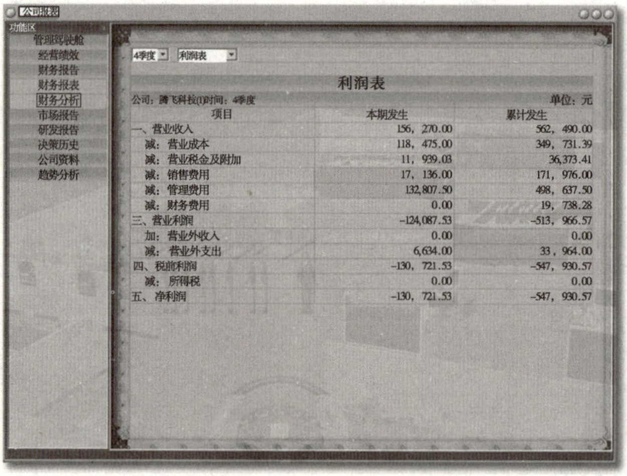

利润表

公司：腾飞科技(1)时间：4季度　　单位：元

项目	本期发生	累计发生
一、营业收入	156，270.00	562，490.00
减：营业成本	118，475.00	349，731.39
减：营业税金及附加	11，939.03	36,373.41
减：销售费用	17，136.00	171，976.00
减：管理费用	132,807.50	498，637.50
减：财务费用	0.00	19，738.28
三、营业利润	-124,087.53	-513，966.57
加：营业外收入	0.00	0.00
减：营业外支出	6,634.00	33，964.00
四、税前利润	-130，721.53	-547，930.57
减：所得税	0.00	0.00
五、净利润	-130，721.53	-547，930.57

图 7-49　财务分析利润表

2. 财务分析

在公司场景中点击“总经理”，在弹出窗口中选择“财务报告-财务分析”，如图 7-50，图 7-51，可以查看到任一季度的财务分析指标数值，以及综合财务评价分数。

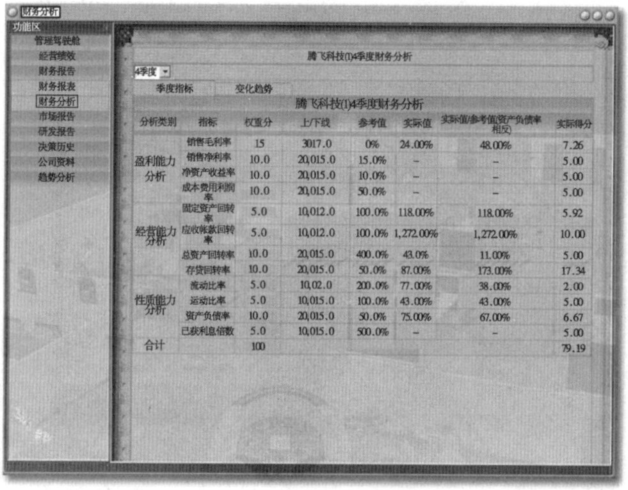

分析类别	指标	权重分	上/下线	参考值	实际值	实际值/参考值(资产负债率相反)	实际得分
盈利能力分析	销售毛利率	15	3017.0	0%	24.00%	48.00%	7.26
	销售净利率	10.0	20,015.0	15.0%	–	–	5.00
	净资产收益率	10.0	20,015.0	10.0%	–	–	5.00
	成本费用利润率	10.0	20,015.0	50.0%	–	–	5.00
经营能力分析	固定资产回转率	5.0	10,012.0	100.0%	118.00%	118.00%	5.92
	应收帐款回转率	5.0	10,012.0	100.0%	1,272.00%	1,272.00%	10.00
	总资产回转率	10.0	20,015.0	400.0%	43.0%	11.00%	5.00
	存货回转率	10.0	20,015.0	50.0%	87.00%	173.00%	17.34
性质能力分析	流动比率	5.0	10,02.0	200.0%	77.00%	38.00%	2.00
	运动比率	5.0	10,015.0	100.0%	43.00%	43.00%	5.00
	资产负债率	10.0	20,015.0	50.0%	75.00%	67.00%	6.67
	已获利息倍数	5.0	10,015.0	500.0%	–	–	5.00
合计		100					79.19

图 7-50　财务分析-季度指标

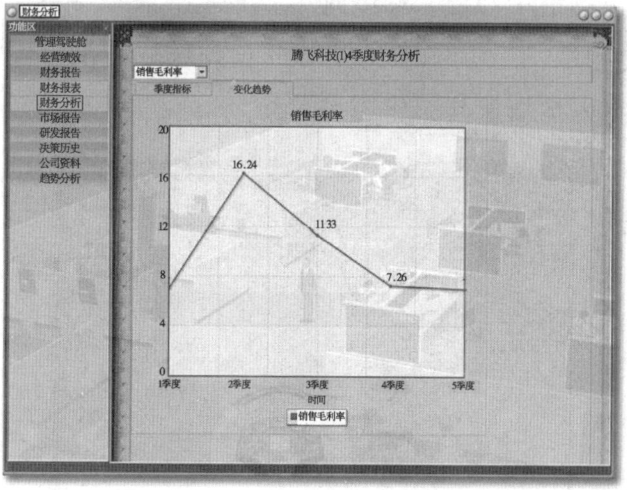

图 7-51　财务分析-变化趋势

(四) 查看市场报告

1. 市场开发

在公司场景中点击“总经理”，在弹出窗口中选择“市场报告-市场开发”，如图 7-52，可以查看到目前公司在各个市场上的人员配置情况，以及在该市场的收入与占有率状况。

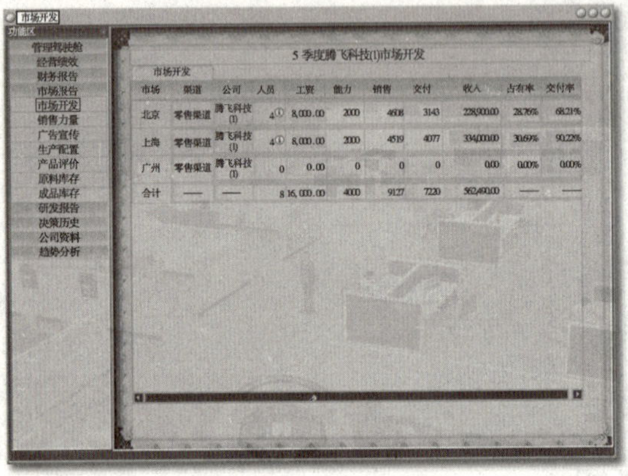

图 7-52 市场开发

2. 销售力量

在公司场景中点击“总经理”，在弹出窗口中选择“市场报告-销售力量”，如图 7-53，可以查看到任一季度公司在各个市场上的销售人员数量与销售能力情况。

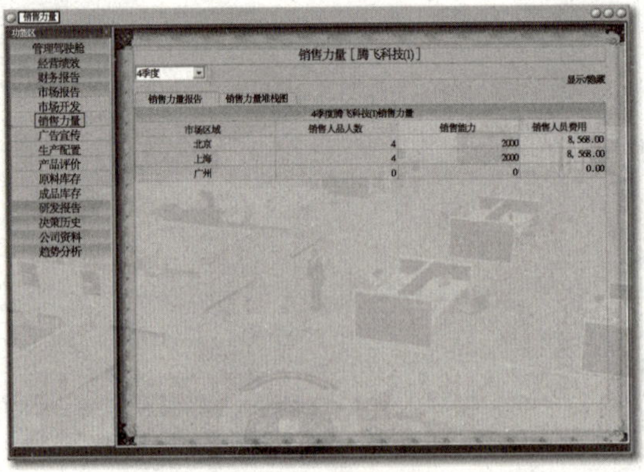

图 7-53 销售力量

3. 广告宣传

在公司场景中点击“总经理”，在弹出窗口中选择“市场报告-广告宣传”，如图 7-54，可以查看到任一季度公司针对每一品牌产品所投放的广告宣传情况。

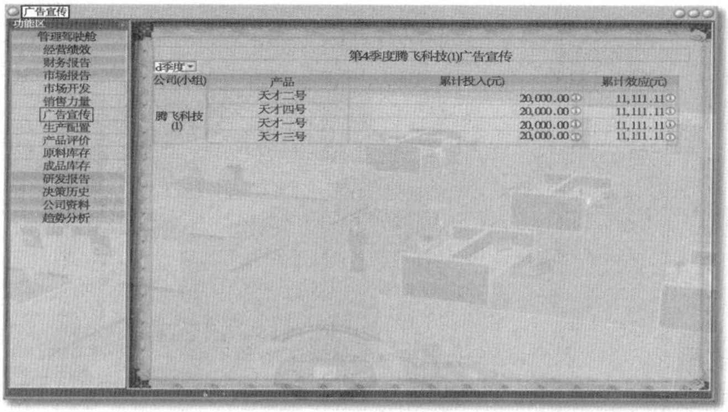

图 7-54 广告宣传

（五）查看生产报告

1. 生产配置

在公司场景中点击“总经理”，在弹出窗口中选择“生产报告-生产配置”，如图 7-55，可以查看到当前公司所拥有的厂房与设备情况。

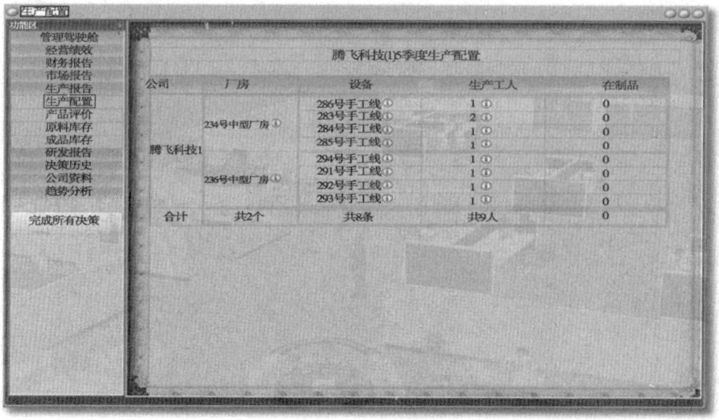

图 7-55 生产配置

2. 产品评价

在公司场景中点击“总经理”，在弹出窗口中选择“生产报告-产品评价”，如图 7-56，可以查看到任一季度公司在各个市场上的销售人员数量与销售能力情况。

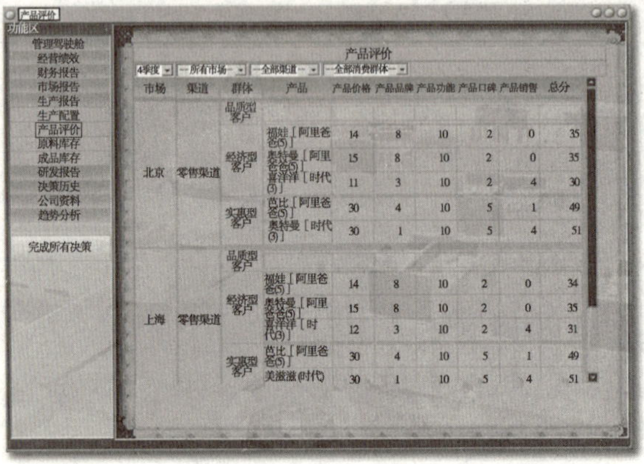

图 7-56　产品评价

3. 原料库存

在公司场景中点击“总经理”，在弹出窗口中选择“生产报告-原料库存”，如图 7-57，可以查看到任一季度公司在目前所拥有的所有原料库存品种及数量等信息。

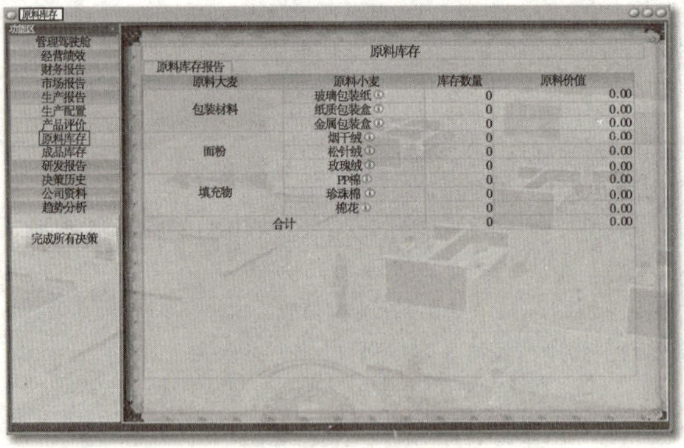

图 7-57　原料库存

4. 成品库存

在公司场景中点击“总经理”，在弹出窗口中选择“生产报告-成品库存”，如图7-58，可以查看到任一季度公司在目前所拥有的所有原料库存品种及数量等信息。

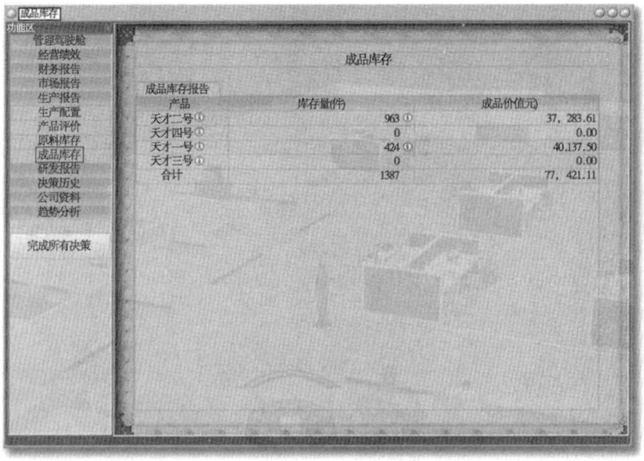

图7-58 成品库存

（六）查看研发报告

在公司场景中点击“总经理”，在弹出窗口中选择“研发报告-产品研发”，如图7-59，可以查看到公司目前所设计开发的所有产品品牌的配置情况及研发状态。

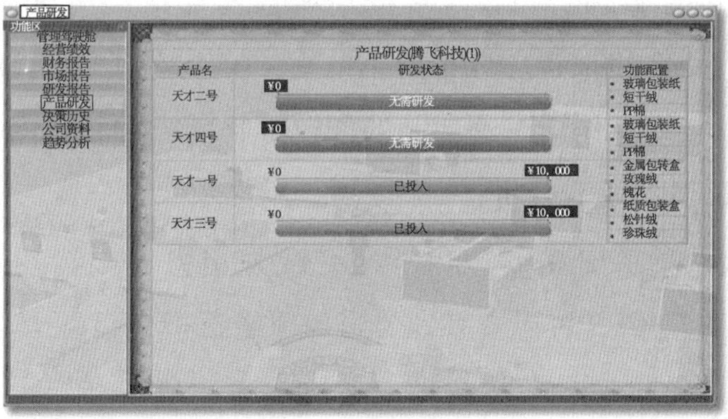

图7-59 产品研发

（七）查看决策历史

在公司场景中点击“总经理”，在弹出窗口中选择“决策历史-历史决策”，如图 7-60，可以查看到公司在各个季度所做的所有决策任务汇总及详细的数据变化情况。

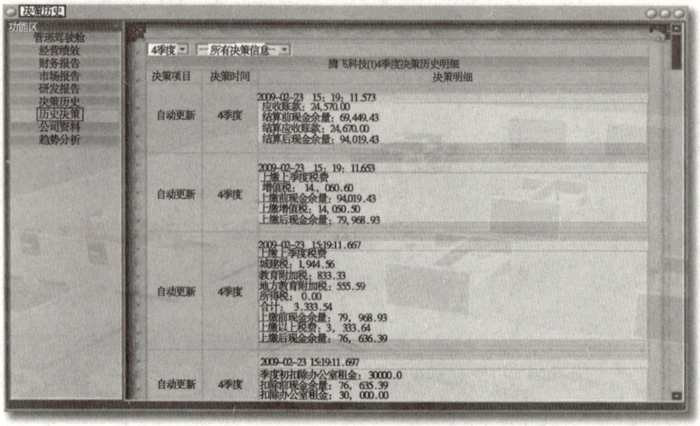

图 7-60　历史决策

（八）查看公司资料

在公司场景中点击“总经理”，在弹出窗口中选择“公司资料”，可以查看到公司在工商注册阶段所完成的所有流程工作以及相关证件和报告。此部分内容已在前面创业准备环节进行了介绍，详细操作请参阅前面的创业准备部分的相关内容。

（九）查看趋势分析

在公司场景中点击“总经理”，在弹出窗口中选择“趋势分析”，如图 7-61，可以查看到公司各项经营指标在各个季度的发展趋势情况。

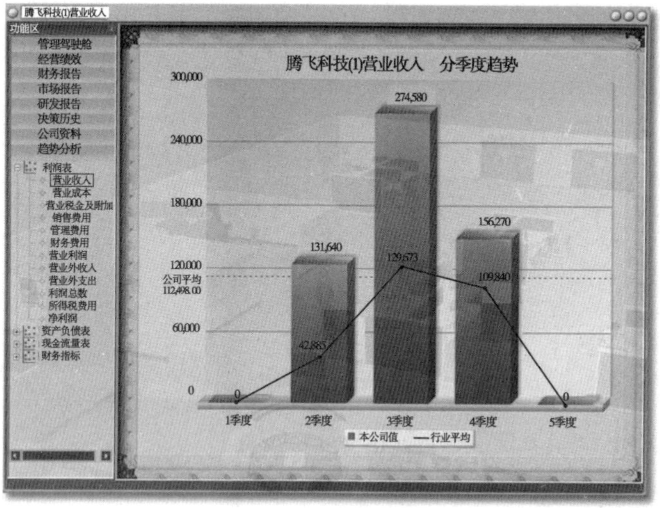
腾飞科技(1)营业收入
功能区
管理驾驶舱
经营绩效
财务报告
市场报告
研发报告
决策历史
公司资料
趋势分析
利润表
营业收入
营业成本
营业税金及附加
销售费用
管理费用
财务费用
营业利润
营业外收入
营业外支出
利润总数
所得税费用
净利润
资产负债表
现金流量表
财务指标
腾飞科技(1)营业收入 分季度趋势
300,000
240,000
180,000
120,000
公司平均
112,498.00
60,000
0
274,580
156,270
131,640
129,673
109,840
42,885
0
0
1季度
2季度
3季度
4季度
5季度
本公司值
行业平均

图 7-61 查看趋势分析